太极拳说（视频版）

东岳太极拳第一代传人　陈式太极拳第十二代传人

刘君合　著

图书在版编目（CIP）数据

太极拳说：视频版 / 刘君合著 . -- 北京 : 中国人口出版社 , 2024.1
ISBN 978-7-5101-9217-3

Ⅰ . ①太…　Ⅱ . ①刘…　Ⅲ . ①太极拳—基本知识　Ⅳ . ① G852.11

中国国家版本馆 CIP 数据核字 (2023) 第 103612 号

太极拳说（视频版）

TAIJIQUAN SHUO(SHIPINBAN)

刘君合　著

策　　划　林万枝
责任编辑　杨秋奎
责任印制　林　鑫　任伟英
装帧设计　刘海刚
出版发行　中国人口出版社
印　　刷　北京柏力行印刷有限公司
开　　本　710 毫米 ×1000 毫米　1/16
印　　张　12
字　　数　170 千字
版　　次　2024 年 1 月第 1 版
印　　次　2024 年 1 月第 1 次印刷
书　　号　ISBN 978-7-5101-9217-3
定　　价　39.80 元

电子信箱　rkcbs@126.com
总编室电话　（010）83519392
发行部电话　（010）83510481
传　　真　（010）83538190
地　　址　北京市西城区广安门南街 80 号中加大厦
邮政编码　100054

序　一

以中国传统儒、道哲学及阴阳辩证理念为核心思想的太极拳，既是一门“刚柔疾缓、内外一统”的传统拳术，更是一项“颐养性情、强身健体”的大众运动，也是一种“中正圆活、天人合一”的文化载体。对于绝大多数人而言，习练太极拳几乎没有门槛和场地的限制，在宽松氛围下可以随时随地习练是它最具魅力之处。

不论是公园里众多打拳健身的身影，还是一些中小学校的太极拳特色课程，不论是一些重大体育赛事上的太极拳项目，还是街头巷尾人们自发的练拳热，都佐证着太极拳在我国有着广泛的群众根基。

据不完全统计，目前太极拳在 150 多个国家和地区传播，有 80 多个国家和地区建立了太极拳组织，习练人数超过 1.5 亿人。随着 2020 年年末太极拳申遗成功，太极拳运动更成了保障人类身心健康的瑰宝。

事物都有其两面性。太极拳习练者众多，也出现了很多问题，如合格的师资人员不够，以及长期存在的师资水平参差不齐等；在教学上不系统、不科学，很多人不注重基本功的训练，只强调套路的多少，不管身法、步法的正确性，不注重内在意气的引导，导致太极拳习练者学习困难、提高慢，甚至身体受损，无法达到强身健体的目的。

君合是我的得意学生，跟我学拳 20 年，太极拳技术掌握得非常全面，并且长期在一线做教学工作，积累了大量的教学实践经验和心得。

君合这本书，通篇没有教大家练习什么套路，全部是从基本知识、基本理论和基本功法入手来阐述太极拳，细致入微，是太极拳爱好者入门、提高的向导，是一本不可不读的好书。大道至简，越是基础的往往越是核心的。套路都是由基本功组成的。“练拳不练功，到老一场空”说的就是这个道理。

大家习练太极拳，需要正确的指导，需要对拳理、拳法有清晰的认知。只有从基本功和基本理论入手，才能更好地强身健体、修身养性。

《太极拳说》是一本太极拳习练者的必读基础书。相信本书的出版，一定会给太极拳的发展带来新的活力，为大众健康快乐的生活带来福音。

国家武术研究院专家委员会委员
中国武术十大名教授
中国武术九段
门惠丰

2021年1月4日

门教授推荐本书视频

序　二

俗话说："道传有缘人。"太极拳凝结着无数前辈的心血，是留给我们的宝贵财富。选择太极拳，就选择了正确的健身、防身、修身的途径。

吾之爱徒刘君合自幼爱好武术，聪明好学，勤奋刻苦，经数年言传身教，吾于2003年8月正式收其为入室弟子，为陈式太极拳第十二代传人、吴式太极拳第六代传人。

君合20余载学练不辍，功夫日益精进，拳械纯熟，太极拳、剑、刀、枪、推手等均较擅长。多年来，他不仅勤于练拳，还重视钻研拳理，对太极拳严密的哲学思想、系统的技击理论、完善的锻炼体系有着深刻的理解和感悟，对太极拳的防身御敌、艺术审美、健身养生、宽心怡情等内在功效有较高深的追求。

君合善于因人施教。他在自己练习及参赛的同时，犹记得弘扬太极拳术的历史责任。入京后，尽自己最大的力量推广太极拳。跟随他习练过太极拳的爱好者过万人。其教学态度认真负责、诲人不倦，其教学方式活泼新颖、因人而异，其为人处世爽朗热情、待人真诚，深受广大太极拳爱好者好评。

君合所著《太极拳说》是他个人编排、演示、讲解的太极拳教材，是他多年习练、钻研太极拳的体会。他不凡的成长轨迹，超俗的文修武备，彰显了独特的个人魅力，也成为他个人最为重要的人生财富。我想，本书的出版必将为广大太极爱好者带来福音。

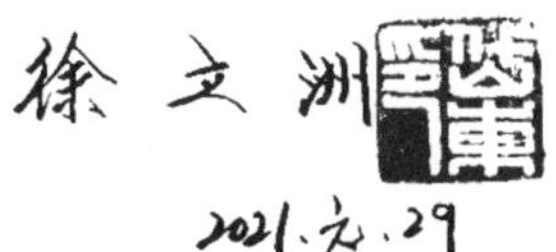

2021.六.29

前　言

太极拳是深受大家喜爱的健身运动，不仅在国内有越来越多的习练者，而且在国外也受到很多人的热爱。太极拳在强身健体、修身养性方面的功效是很多其他运动无法比拟的。其慢练的特点，更加符合中老年人的身体锻炼需求。通过身法调整、抻筋拔骨，达到“骨正筋柔，气血以流，改善气血”的效果；通过调意使精神放松，起到“敛神聚气，增补能量”的作用；通过“内外结合，以心行气，以气运身，运化周身气血”，滋养我们的五脏六腑、骨骼肌肉。长期坚持，能不断改善我们的健康状态，也能不断改善我们的生命质量。

太极拳是一个完善的运动体系，但是大众对其认识不够全面，特别是因为某些原因，广大习练者并不能及时掌握一些基础知识，不能产生良好的锻炼效果，有些错误甚至会导致身体某些部位受损，从而不得不放弃习练太极拳，甚为遗憾。

本书立足基础知识的传播推广，无论读者习练的是什么流派的太极拳，都可以让读者快速掌握太极拳的基础知识，掌握太极拳的身法、运动规律和规矩，以及劲法运用，在习练中不受伤害，快速提高太极拳技术水平，事半功倍。

本书共四章：第一章，太极拳基础知识；第二章，站桩之道；第三章，太极拳基本功；第四章，太极拳单式训练。

本书从基本的太极拳理论知识入手，使读者了解掌握基本的术语和概念，建立正确的认知；从基本身法的学习入手，使读者少走弯路、不走弯路，保证健身的效果；从基本的动作练起，仔细揣摩每招每式，求精不求多，以达到举一反三、融会贯通的学习成效。

不拘一格练太极，反复训练揣摩，不仅能锻炼身体，还能掌握太极拳的运动规律，为今后的习练太极拳打好基础，最终达到大太极的境界，不被某个派别或某个套路所限制，举手投足皆太极。

本书部分内容曾在网络上和大家分享，收获30多万粉丝，有上百万人次的学习。

本书的出版得到了我的各位师父、各位拳友以及家人的大力支持，在此一并致谢。书中不妥之处，敬请批评指正。

刘君会

2021年1月1日

太极拳说（视频版）

目　录

第一章　太极拳基础知识

1. 太极拳学拳须知

（1）学太极拳，不可不敬，不敬则外慢师友，内慢身体。心不敛束，如何能学艺。

（2）学太极拳，不可狂，狂则生事。不但手不可狂，言亦不可狂。外面形迹必带儒雅风气，不然狂于外，必失于中。

（3）学太极拳，不可满，满则招损。能谦，则虚心受教，人谁不乐告之以善哉？积众善以为善，善斯大矣。

（4）学太极拳，招招当细心揣摩。一招不揣摩，则此势机致情理终于蒙昧。且承上启下处尤当留心，此处不留心，则来脉不真，转关亦不灵动。一招自为一招，不能自始至终一气贯通矣。不能一气贯通，则于太和元气终难问津。

（5）学太极拳，先学读书。书理明白，学拳自然容易。

（6）学太极拳，学阴阳开合而已。吾身中自有本然之阴阳开合，非教者所能增损也。复其本然，教者即止。教者教以规矩，即大中至正之理。

（7）学太极拳，不可借以为盗窃抢夺之资，奸情采花之用。如借以抢夺采花，是天夺之魄，鬼神弗佑，而况人乎！天下孰能容之？

（8）学太极拳，不可凌厉欺压人。一凌厉欺压，即犯众怒，罪之魁也。

注：本须知由陈家沟陈氏第十六世、太极拳第八代传人陈鑫（1849—1929）整理。

太极拳学拳须知
（1） 太极拳，不可不敬，不敬则外慢师友，内慢身体。
（2） 学太极拳，不可狂，狂则生事。
（3） ……

2. 什么是“功”

“练拳不练功，到老一场空。”到底什么是“功”，具体怎么练，练哪些呢？很多人对此都是一知半解的。很多人以为站桩就是练功，这种认识有些片面，桩功是内功的基础，但不能算是内功的全部。

功是什么呢？“外练筋骨皮，内练一口气”说的就是功，它包含了内外修炼。“外练筋骨皮”，指的是柔韧、力量、速度、协调、反应等；“内练一口气”，指的是敛神聚气、固本培元、吐纳引导、运化气血之功。这些都是太极拳爱好者应该知道并且练习的。

有人说，我们都是中老年人了，也要练这些吗？当然要练。练柔韧，筋长一寸延寿十年；练力量，只有增强肌肉力量，才能保护我们身体的骨骼和关节，保持肌肉的活力，身体才能更加健康；练速度，快是速度，慢也是速度，快慢的转换更是一种能力；练协调，周身协调，身体各系统才能达到和谐运行；练

反应，是保持大脑的活力，进入“懂劲”的状态。这些都是功，都是最基础的功夫。我们所练的套路都是由这些基本功组成的，没有这些做保障，套路什么都不是。

练为消耗，消耗精气，神意外泄，激发阳气，所以短时间内会更亢奋，感觉充满力量和活力。

练不能过，过犹不及。过度训练，导致精气神过度消耗而引发身体过早衰老的事件比比皆是。

养是固本培元，注重内气内养，神意内敛，运化气血，平衡阴阳，调理脏腑，所以古人说“三分练七分养”，又说“练拳不懂养，百练功不长”。采后天之灵气转化为先天元气所用，不断补充能量，以供给周身运化。

太极拳和其他运动的最大区别就在于整个练习过程是神意内敛，大脑支配意气运行活动。不管是意守丹田还是行气如九曲珠节节贯串，意识都在体内，没有丝毫的外泄。“神宜内敛，气宜鼓荡”说的就是这个道理。

养与练，相辅相成，养练结合才是最佳状态，外练筋骨，内练意气。外练筋骨以升腾阳气，运化周身。内练意气以补充能量，保证运化周身之所需。

一些较为剧烈的运动，只有练而没有养，只有消耗而无积蓄，所以运动周期有限，无法行至终老。唯有太极，常伴此生。

4．练拳如何放松，松哪里

习练太极拳，很多人第一次就会被教练告知要放松，相互切磋时会听到不够松的说法，甚至还会听到有人问，松下来还怎么抬起胳膊。还有教练说，这辈子就练一个放松。总而言之，习练太极拳时，“松”是永远无法避开的。那么，我们应该如何放松，放松哪里，放松到什么程度呢？

（1）放松是过程，是手段，不是目的。

（2）放松的几个层次。

①练太极拳要放松的是精神、大脑。人在精神紧张的时候，身体的协调性、反应能力都会降低，身体是无法放松的，肌肉是紧张的，气也无法沉下去。在这个状态下，人是没法练好太极拳的。很多初学者，由于精神紧张会导致手忙脚乱，顾头不顾脚。有些人参加比赛的时候，会手脚发软，身体发汗。这就是精神紧张。所以，练太极拳首先要精神放松，则气不上涌，内外合一，周身协调。

②身体放松，肢体实现对拉拔长，节节松开。太极拳的运动特点之一就是肢体对拉拔长，节节松开，意气力节节贯串，这个层面的放松主要就是关节的松开。太极拳的练习，要求全身关节松开，实现对拉拔长，从而带动全身肌肉等软组织的松开，意气力节节贯串进而改善气血循环，从而改善身体状况。这个道理很简单，比如我们用力握拳，会发现手掌打开后手掌是没有血色的。这

是因为用力造成手、臂的软组织紧张，导致气血循环阻断。因此，肢体关节松开，可以改善全身气血循环，调理身体，改善身体状况。这也是习练太极拳健身的一大优势。

③太极拳的松是不顶。这个不顶不是用在盘架上，而是应用在推手训练中。太极拳的打手歌中写道“掤捋挤按须认真，上下相随人难进，任他巨力来打我，牵动四两拨千斤，引进落空合即出，粘连黏随不丢顶”。在与他人进行推手训练时，只有松下来，不去用力顶才能感受到各种力的变化。相生相克，才能周身一体；节节贯串，才能引进对方，而后合出。

只有不顶才能粘连黏随、如衣附体，让对方处处受制，“听”出对方破绽，从而借机借力打力。所以，这个层面的松是在一定条件下的不用力，彻底松开。

（3）如何实现放松？精神放松，身体放松，劲力松下来。

① 精神放松，这个阶段大部分是初学者需要注意的。

• 摆好学习心态，不急于学习更多的招式动作，不给自己施加压力。练太

极拳本是解放自我、放松自我的过程，要从基础练起，不骄不躁，由浅至深，由易至难，循序渐进。欲速则不达。

• 训练氛围很重要，我们应尽量营造开心快乐无压力的训练氛围，减少外部压力。这需要教练和广大太极拳爱好者共同努力。

• 可以听一些轻柔舒缓的背景音乐，音量不用太大，能够让人快速放松精神。

• 初学太极拳时，重要的不是精神放松，而是精神专注，专注地听教练讲授、专注练习。太极拳的训练过程是由大脑记忆向身体记忆转换的过程。

• 要靠身体记忆，靠身体感受意气力的变化，这就是“体悟”。

②身体放松。身体放松是在精神放松的基础之上的，有了精神放松，才会身体放松，才能气沉丹田。要做到身体放松，就要对身法有很好的理解和掌握。

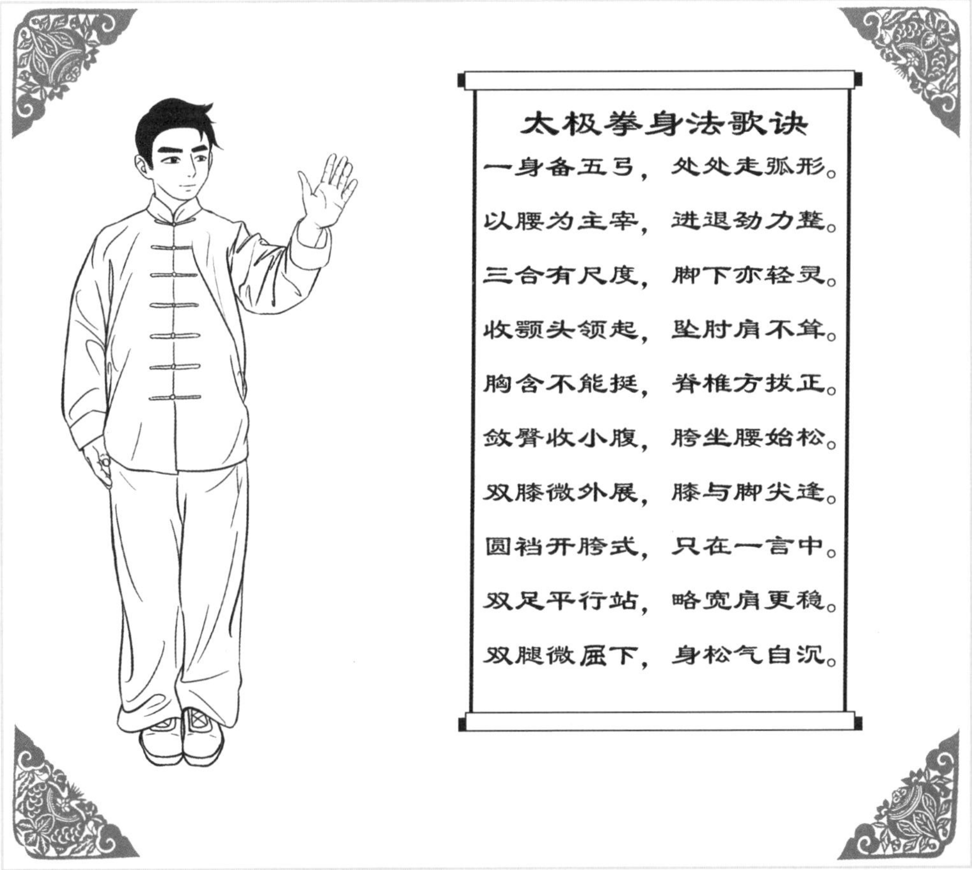

太极拳身法歌诀

一身备五弓，处处走弧形。
以腰为主宰，进退劲力整。
三合有尺度，脚下亦轻灵。
收颚头领起，坠肘肩不耸。
胸含不能挺，脊椎方拔正。
敛臀收小腹，胯坐腰始松。
双膝微外展，膝与脚尖逢。
圆裆开胯式，只在一言中。
双足平行站，略宽肩更稳。
双腿微屈下，身松气自沉。

③劲力松下来。这个阶段主要应用推手训练，从推手训练中学习如何松下来。除单推手和四正手的训练外，还要有两人相互喂劲发放训练，学会舍得，心态平和，不要总急于把对方推出去，而是要学会让对方推进来，不要怕输。好好

理解什么是“引进落空”。用力推人是本能。“粘连黏随，引进落空，随曲就伸”是功夫，是我们需要掌握的，是我们刻苦训练的目的。做到别人和你接触时，周身不挂力，接哪不要哪，才是真正松下来了。

所以，练拳的过程是提高成长的过程，在多练、多想、多看的基础上，树立正确的练习目标，我们一定会松下来的。

5. 什么是太极拳的“意”

“意”，简单说就是意识。在太极拳训练中，“意”非常重要。太极拳是大脑支配的意气运动，注重身体内意气的运行，所以太极拳又称为内家拳。太极拳的“意”分为三个阶段。

（1）“意”在身外（以外带内）。初学太极拳，手脚不协调，上下不相随，动作都记不清楚。此时，习练者的“意”都在教练或者其他习练者身上，怎么出手，怎么上步，怎么转腰，怎么变化，一举一动，都在模仿别人，“意”都在身外，都在别人身上。所以这个阶段谈不上“意”，属于临摹阶段，拳还没有上身。当太极拳的动作基本掌握后，对每招每式仔细揣摩的时候，意在自己的动作上、手脚上，这就是“以外带内”——以外形带动内部气血的运行。

（2）“意”在身内（内外合一）。经过一段时间的习练，熟能生巧，能够掌握技术动作和变化，对太极拳的身法、步法都有一定了解后，习练时开始由外求转向内求，从外三合到内三合，开始注重神、意、气的配合，感受以心（意）行气，务令沉着，以气运身，务令顺遂，乃能便利从心，达到无微不至的运行状态。

这个阶段就是大部分太极拳爱好者所追求的状态。因为“意”在身内，做到神内敛，又注重体内气血的变化，所以“气宜鼓荡”。这就是拳论中的“气宜鼓荡，神宜内敛。神不外游，气不外散，意有所至，气有所归”。太极拳的习练状态就是一个敛神聚气、行气，培补元气的过程，所以常练太极拳可以修身养性，强身健体。

（3）拳无拳意无意，无意之间是真意（以内催外）。随着太极拳的习练，年深日久，内气饱满，一举动周身轻灵，内外合一，练拳时一起心动念，内气催动身法运行，无物无我，一片神行。体内气血循着经络自发运行，循环不止，拳法招式由心而发，随势而发，举手投足皆太极。此时有意却无意，无意却真意。这是拳法的高级阶段。虽是练拳，却是正道，天人合一，人们常说以拳悟道，即是此理。

6. 习练太极拳时，我们应如何呼吸

作为一个太极拳爱好者，一开始总有各种疑问，比如练太极拳如何呼吸，总认为太极拳这么高深的拳法运动，也要配合与众不同的呼吸方法。我也有过这种经历，每跟随一位教练学习，都要问上几句，但总不是特别满意教练的回答，觉着教练有所保留，没有认真回答，直到自己练拳三十年，才知道教练没有骗自己。

呼吸是人体的一项机能，你不管它，它也在那里不知疲倦地工作。虽然我们可以控制它，但更多的时候它会配合我们的行为做一些调整，比如，我们紧张时往往会做深呼吸，剧烈运动时呼吸会急促，睡眠时呼吸会平缓。我们从来不会为吃饭时怎么呼吸而发愁，也不会为说话时怎么呼吸而向他人讨教，那么

为什么练太极拳的时候就非得要与众不同呢?

呼吸会主动配合动作变化，我们不用过多地去控制它，否则只会造成气息紊乱，拳法散漫。对于呼吸，最好的状态是顺其自然，忘掉呼吸的存在，呼吸会随我们的变化而变化。动作慢，呼吸就会缓慢悠长；动作快，呼吸就会短促。

一般情况下，呼吸和动作的配合主要为“起吸落呼，开吸合呼，蓄吸发呼”。在慢练太极拳的过程中，呼吸会变得缓慢深长，改善我们的呼吸系统，强化心肺功能。

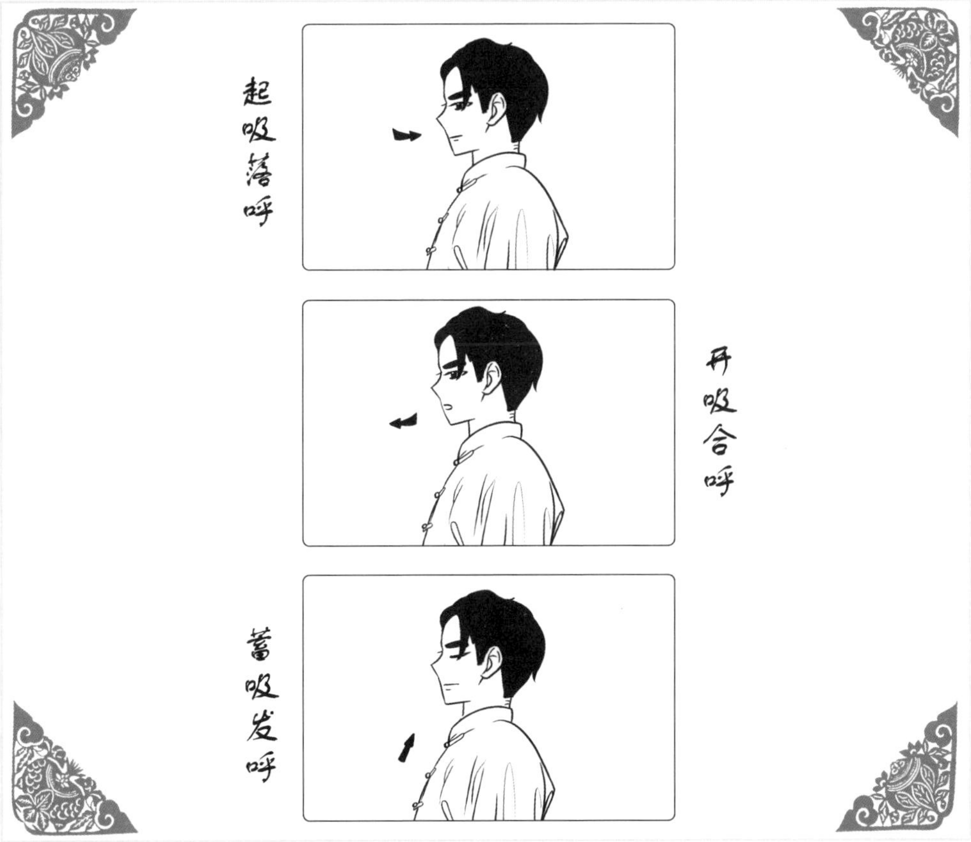

起吸落呼

开吸合呼

蓄吸发呼

7. 习练太极拳如何预防膝关节疼痛

膝盖疼痛是习练太极拳的最大障碍，很多人因为膝盖的原因放弃了太极拳的习练。很多医生也直言太极拳会伤膝盖，甚至建议中老年人不要再练太极拳。相关的科研数据和很多成功的案例告诉我们，习练太极拳能够改善和预防膝盖疼痛。

错误的训练和认知，是膝关节疼痛的罪魁祸首。太极拳教练的进入门槛太低，整体水平偏差。很多太极拳教练刚学会一两个套路，转身就敢去教学，没有正

确的身法和基础认知，是造成习练者膝盖疼痛的重要原因。

预防膝盖疼痛有五大注意事项。

（1）步法要正确，弓腿时小腿垂直于地面。在我国练习最多的太极拳套路恐怕就是 24 式太极拳和 42 式太极拳。24 式太极拳是杨式太极拳的简化套路，42 式太极拳是以杨式太极拳为基础的综合套路，其主要的步型为弓步，弓步的要求是一腿迈出一步，同时膝关节弯曲，小腿垂直于地面；另一腿伸出，全脚掌着地，上体与地面垂直。大家不了解这个基本步法。太极拳教练会告诉大家，弓腿时膝不过脚尖。这个说法是不严谨的，甚至是很害人的，要知道，在弓步时，膝盖最佳的状态是小腿垂直于地面，这时膝关节是受力最小的，膝盖向前贪一寸，膝盖受力就会成倍地增加，最终会造成膝关节韧带损伤，导致膝盖疼痛。所以，练习太极拳，首先要清楚基本步法的练习，才能事半功倍，不受损伤。

（2）时刻注意圆裆，静态和动态都要处理好。圆裆是专业术语，膝脚相对（膝盖和脚尖保持一致）。很多习练者虽然明白，但在训练中却很难做到。例如，弓步时可能前弓的腿能做到但后蹬的腿却做不到，在定式中能做到但在过渡中却做不到。导致大腿和小腿拧劲，从而伤及膝盖。怎么解决呢？首先要正确认识步法，基本步型要知道，弓步、马步、虚步、仆步等；然后认真习练步法，例如，多走走太极拳步——猫步。步法正确，练拳就不会受伤了。

（3）身法要准确，坐胯，腿部形成双弓。坐胯，是习练太极拳最重要的身法之一。简单来讲，坐胯就是坐下的状态。试想坐在椅子上膝盖会疼吗？我们就像是坐着练拳，特别是练陈式太极拳的人，一定要掌握坐胯这个身法。坐

胯后，重心后移，两膝盖不再是承载身体重量的受力点，两腿形成弓形。拳谚曰："一身备五弓。"其中，两腿就是两张弓。弓为大弧，弓身受力均匀，所以不仅能够减少膝盖受力，而且还能锻炼腿部肌肉力量，从而改善和保护膝关节。

反之，如果没有坐胯，太极拳的训练就是屈膝下蹲，看似很中正，但膝盖成为承载上身重量的受力点，久而久之，损伤膝盖。因此，我们应从基础做起，从身法练起。

（4）不去盲目追求和模仿别人的状态。不忘初心，方得始终。估计百分之九十九的人习练太极拳都是为了锻炼身体，修身养性。但实际情况是随着习练

太极拳的深入，习练者越来越迷恋太极拳，对自己的要求越来越高，求低，求美。盲目地模仿别人的状态，如看网络上的专业运动员的套路演示，从而去模仿他们的运动状态；或者去模仿和追求自己师父和师兄们的状态。他们出身专业，从小就练，或者已经练了很多年，基本功扎实，步法身法正确。他们练低架没事，你一模仿膝盖就疼。自知者明，认清自己的身体状态，记住自己练拳的初心，不做欲速则不达的事，而是要循序渐进，做好当下的自己，先从高架开始。

（5）充分热身。充分热身看似很平常，但非常重要。没有热身极易导致运动损伤。大部分太极拳习练者，每天练习几个套路甚至更多，一到练拳场地，

排好队伍，打开音乐就按部就班地从 24 式太极拳开始，一个一个地把所学的套路练习一遍，完事收功回家。根本没有热身的过程。所谓热身，就是把身体各个部位先行松开，特别是冬季比较寒冷的时候，身体各部位软组织紧缩，不松开、热开，直接进行大强度的练习，很容易受到损伤。相对专业的武术训练，每次都会有一半的时间进行热身和基本功训练，一是提高技术水平；二是避免不必要的损伤。专业的运动员都要认真做热身准备，难不成你一个非专业的比他们还厉害？所以，练拳前认真热身，方能达到健身的目的。

没有热身极易导致运动损伤。

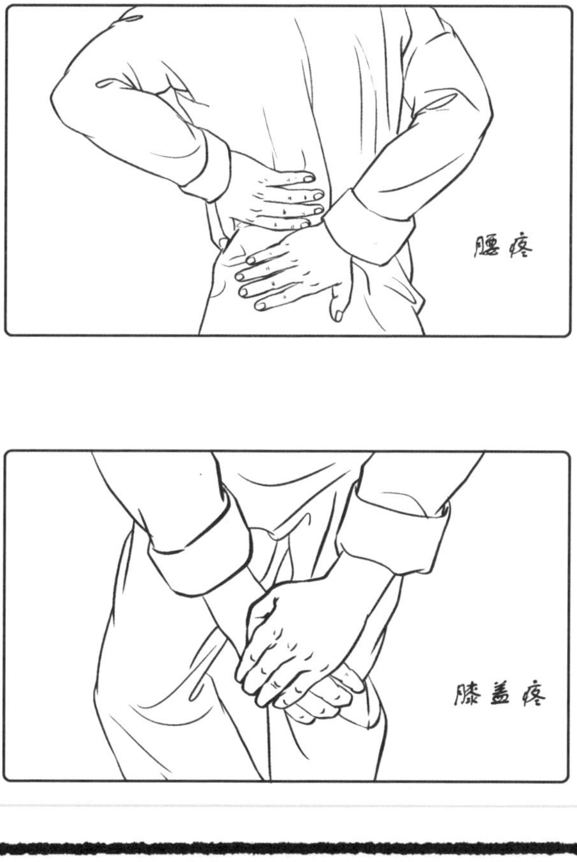

腰疼

膝盖疼

8. 习练太极拳如何改善膝关节疼痛

（1）改善腿部气血循环——压腿、踢腿、扶杈甩腿。

在出土的西汉时期的《引书》中，有对膝盖非常好的治疗方式。原文是：“引膝痛，右膝痛，左手据权，内挥右足，千而已。左膝痛，右手据权，而力挥左足，千而已。”意思是右膝痛，左手抓住木柱，用力挥动右足，做1000次为止；左膝痛，右手抓住木柱，用力挥动左足，做1000次为止。公元前186年记载的养生方法至今依然适用。只要方法得当，坚持锻炼，就能改善膝关节疼痛。其原理就是通过甩腿改善腿部的气血循环，起到自我康复的作用。

其注意事项如下：

①支撑脚要踩在高处，可以踩在砖或瑜伽砖上，这样摆动的时候，才能保证立身中正，同时甩动的脚才不会和地面摩擦。

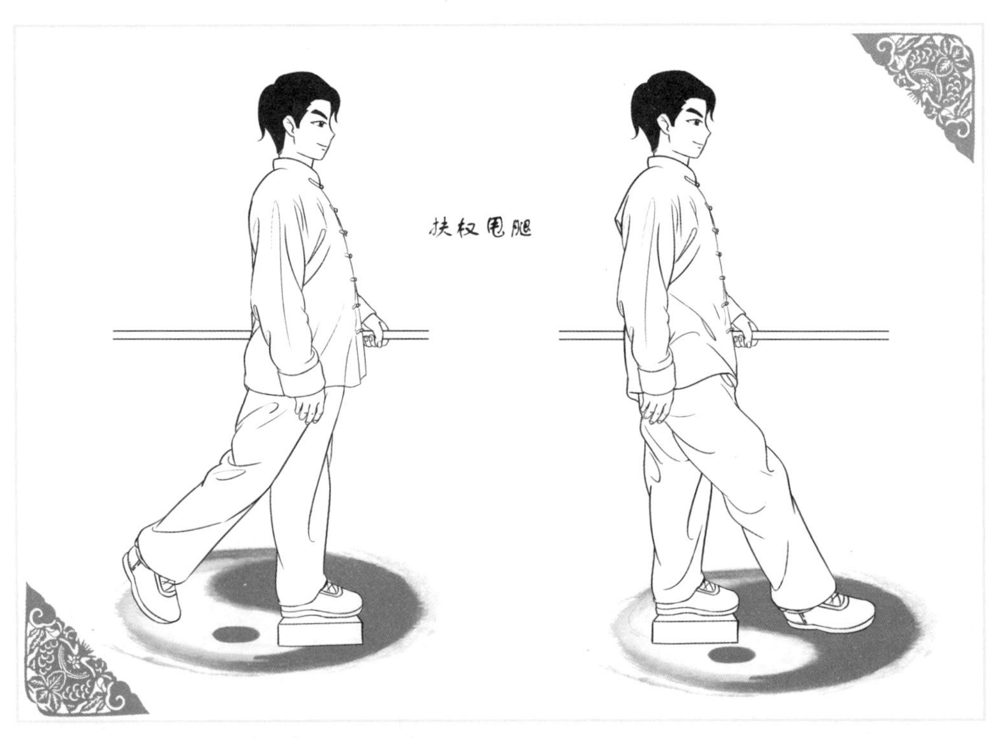

②求数量不求质量。每次甩腿次数要尽量多，由开始的 200 次，逐渐增加至 500 次或者 1000 次；不求质量，是指不要太过用力，避免身体晃动，过早疲劳。

③左右腿都要甩动，即便只是一个膝盖疼痛，也要甩动两条腿，避免形成长短腿。

（2）增强腿部肌肉力量——靠墙静蹲，拉臂深蹲。

身上所有的关节都是靠其周围的软组织来保护的。软组织包括韧带、肌腱等。如果软组织没有力量或者萎缩，直接后果就是关节的受损疼痛，膝关节作为一个承重的关节，更需要周围软组织的保护。因此，增强腿部肌肉力量是非常必要的。

推荐两个简单实用的方法，这两个方法也是膝关节康复的手段。

①靠墙静蹲，屈膝靠在墙（或木门、衣柜等物体）上，后背轻轻贴在墙上，两大腿与地面平行，小腿垂直地面，两脚与肩同宽。时间上要循序渐进，从 30 秒开始，逐渐增加。每天可以蹲两三次。蹲完之后要放松腿部肌肉。

②拉臂深蹲，找一个把手（可以是把杆，也可以是树，只要能拉住就好），两脚靠近把手，屈膝下蹲，保证小腿垂直于地面，身体后靠，然后起身再蹲，如此反复。每 10 次为一组，每天 5 组左右。

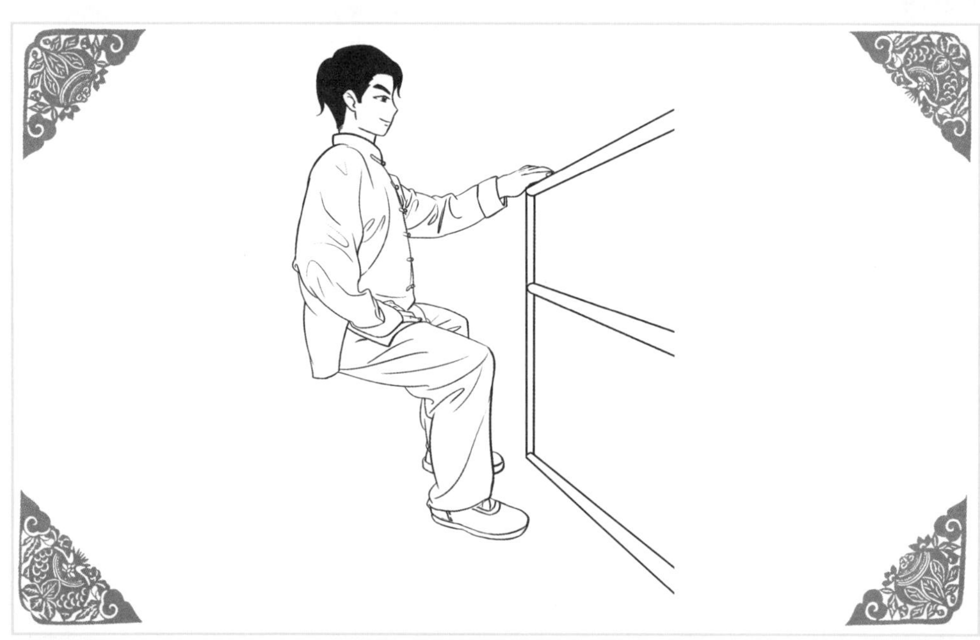

9. 什么是内三合和外三合

内三合和外三合是练好太极拳最基本的要求。

内三合，是指神与意合、意与气合、气与力合。太极拳是大脑支配的意气运动，由外向内求，最后内外合一。一动无有不动，外形内意气，意念配合动作，将气血运化至周身各处，节节贯串，无微不至。“心为帅，气为旗，以心行气，以气运身”，说的就是用意念引导体内气血运行，意到气到，气到力到。

外三合，是基本的身法要求，是周身协调整合的状态。外三合是指手与

脚合、肘与膝合、肩与胯合。外三合分同侧合和异侧合：同侧合，就是手、肘、肩与脚、膝、胯方向上下一致，如陈式太极拳的单鞭；异侧合，就是左臂与右腿，右臂与左腿。怎么算合住了呢？如杨式太极拳的搂膝拗步，右臂与左腿平行的状态为合。

10．什么是意守丹田和气沉丹田

意守丹田，是指将我们的意识守在身体的丹田处，返观内视，观想我们的丹田处。其作用是以一念带万念，让自己的心静下来。种水稻的地方叫稻田，种小麦的地方叫麦田，炼丹的地方就是丹田。丹田就是炼丹的地方，虽然有丹田穴，但是一个点不好守，我们要把丹田的区域放大，可以理解整个小腹就是丹田。然后观想把太阳放到小腹内，让太阳在小腹内发光发热，这个持续观想的过程就是意守丹田。当然，我们也可以观想鲜花、大海等美好的事物在丹田。

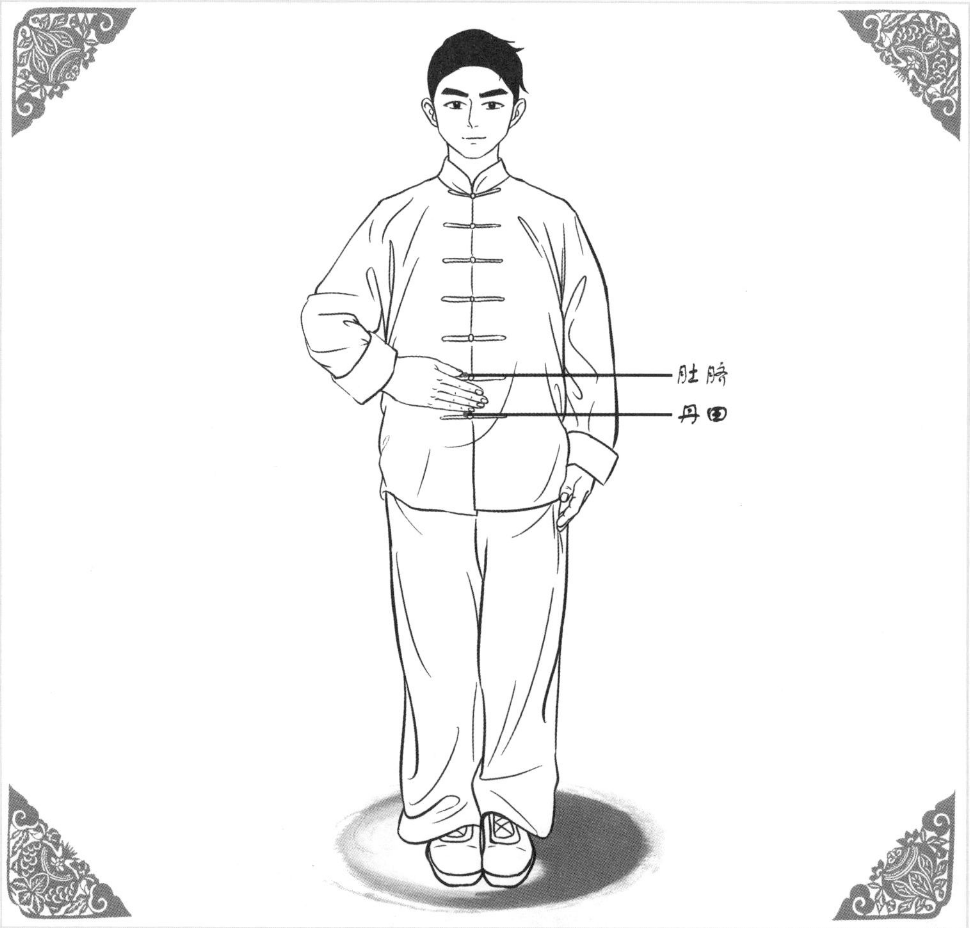

气沉丹田也是练拳的术语。在练拳或者站桩结束时，要气沉丹田，龙归大海。在练太极拳时，一运则阳气循督脉上升，所以我们后背会热，然后全身发热，就是气血周身运化的表现，结束时将气归于丹田，敛束在内，而不是外耗。在练拳过程中，气沉丹田，能让我们下盘更加稳固。如何做到气沉丹田呢？首先，要做到身体的放松，身松气自沉；再则可以有呼吸的配合，一般情况下，呼气下沉，以意导气，引至丹田。其次，还可以有肢体的配合，如引气归元：收功时，身体自然站立；吸气时，两臂由身体两侧向上抬起，两掌合于头顶百会穴，指尖相对；呼气时，翻掌向下由额前一直按至小腹。

百会穴

为什么要意守丹田、气沉丹田呢？古人认为下丹田和人体生命活动的关系最为密切。丹田是“性命之祖”“生气之源”“五脏六腑之本”“十二经之根”“阴阳之会”“呼吸之门”“水火交会之乡”。故有“无火能使百体皆温，无水能使脏腑皆润，关系全身性命，此中一线不绝，则生命不亡”的说法。当然，从现代解剖学和生理学的观点看，下丹田所在的部位至今并未发现有特殊的形态和功能。但是，通过意守丹田来促进练功人的意识达到入静状态，取得疗效，则早已被实践所证实。

11．太极拳讲用意不用力，还要练力量吗

拳谚曰：“用意不用力。”那还用力量吗，还要练力量吗？这个问题困扰了很多太极拳的习练者。

首先，练太极拳要不要练力量？答案是当然要练，基础的力量训练必须要有，太极拳也是武术的流派之一，是武术就离不开力量。所谓“一胆二力三功夫”“一力降十会”都是对力量的表述。太极拳虽然讲究以巧破拙、以小胜大、四两拨千斤，但也是需要力量的。其次，“用意不用力”一般只适用于套路练习时的意识形态和身体状态，而非对战状态；即便是用意不用力，也是一种用力，好比水是无色的，无色也是一种颜色。好多人对“用意不用力”的解释是不用拙力，用劲。力为劲之母，劲为力之应用，劲是以力作为基础的，太极八种劲法（掤、捋、挤、按、采、挒、肘、靠）就是八种力的应用。在推手中去化解去打对方，都是对力的应用。拳论中“力从地起，生于脚发于腿，主宰于腰，行于手指”就是对力的来源和运用的描述。

所以说太极拳不是不用力，而是教会我们如何用力，在什么时候、什么情况下用什么力，练用力的方法和时机，练如何整合力量。“拳者权也，权物而

知轻重”就是对力的权衡和驾驭。

理解了劲和力的关系，就会明白要不要练力量了。当然，力量的训练也是因人而异的，是循序渐进的。

12. 练太极拳为什么要先求开展、后求紧凑

练拳一般都要求舒展大方，通过肢体的舒展，对拉拔长，画大弧，实现骨正筋柔、气血以流的放松状态。“痛则不通，通则不痛”就是指气血的循环。开展的练习，有利于气血循环，坚持锻炼会改善我们的体质。那为什么要紧凑呢？紧凑是从应用上来理解的，与人交手，动作不能大开大合，变化也要越来越小，尽量不能让对方找到我们招式的破绽。现在，太极拳的作用已经是养生健身，没有人去打打杀杀，最多推推手，玩玩力量的变化。建议大家先求开展，再求开展，始终求开展。

13. 练太极拳要听音乐吗

每天清晨，走进公园或者社区广场，总能看到一群群跳广场舞的人，听着节奏鲜明或舒缓悠扬的音乐，在那里翩翩起舞。

太极拳的习练队伍中，一类人尽情享受音乐，另一类人反对听音乐。听音乐的习练者，往往都在宽阔地，人数众多，音乐悠扬，身心愉悦，不同套路配合着不同的音乐。反对听音乐的习练者，则往往人数较少，选择在人迹罕至的偏远地或者树木葱郁的小场地。没有外来因素的干扰，享受安静的修炼环境和内心的平静安逸。

两类不同的习练群体，本应互不往来、互不干扰。总有好事者站出来批评另一方，而另一方又站出来回击，争论的内容是习练太极拳到底要不要听音乐！

这个问题是由两个群体的立场不同而产生的。

这要从反对听音乐的群体说起，争论也主要是他们挑起的。他们的主要根据是太极拳属于武术，技击是本质，格斗场是没有人给你放音乐的，听着音乐就跟舞蹈无异。这个论调没错，别说格斗场没音乐，就连大众听音乐也是近几十年才有的事。没有音乐的几百年，所有习练太极拳的人都练成武林高手了吗?肯定不是的。

习练套路时，任何人都可以听音乐；练推手和散手时，另当别论。适合自己的才是最好的。

听音乐有四好一境界。

一好，放松。音乐可以帮助我们快速放松身体，融入太极拳的训练氛围中，使我们周身不僵，上下相随，内外相合。

二好，快速入静。合适的音乐，安静的倾听，能够使浮躁、烦躁的心情慢慢变得平静，我们需要把心静下来，才能更好地去练习太极拳，才能体会体内行气如九曲之珠节节贯串、运劲如抽丝等。

三好，队伍整齐。当然，这是针对集体训练而言的。人多的时候往往需要音乐的节奏把大家的动作规范得更整齐。音乐和太极拳的结合，也会给自己和外人更美好的体验。

四好，团队归属感，音乐可以传递感情和信息，会让人产生共鸣，合适的音乐可以把人心拉得更近，有利于团队建设。

一境界，因为音乐可以使人快速放松入静。“真松真静，神意内敛，气机不散，气运周身。”此时应进入听而不闻、视而不见的境界，有无音乐没有区别，外界是安静还是杂乱没有区别，天地之间只有一阴阳，无我无他。“拳无拳，意无意，无意之间是真意”就是这个状态，这个状态才是真正的太极状态，除此无他。

外界是安静还是
杂乱没有区别，天地
之间只有一阴阳，无
我无他。

14．什么是“一身备五弓”

“一身备五弓”是太极拳术语。太极拳理论中，把劲力的蓄发比喻为“蓄劲如张弓、发劲如放箭”“一身备五弓”。五弓，即身弓、臂弓或手弓（左右）、腿弓或足弓（左右）。身弓，以腰为弓把，阀门（第一节颈椎）和尾闾骨为弓梢；臂弓，以肘为弓把，锁骨与手腕为弓梢；腿弓，以膝为弓把，胯骨与足跟为弓梢。五弓以身弓为主，臂弓、腿弓为辅。蓄劲时，含胸、收胯、屈膝、屈臂；发劲时，足跟蹬劲、伸膝、送胯、立腰、展臂，形于手指。一身备五弓，五弓合一，形成全身协调统一的整劲。

15．练太极拳如何处理眼神

眼睛是人的心苗。太极拳的习练也需要眼神体现习练者的精气神。目光发滞，或者前后左右不能定住，都不是好的运动状态。俗话说“眼到手到脚也到，打人如玩笑”。武术的四击八法十二形中也提到手、眼、身法、步。这些都说明了眼神的重要性，所以眼神的处理还是要注意的。一般有以下三大原则。

（1）眼随腰走。习练太极拳，力从地起，生于脚，发于腿，主宰于腰，每个动作都要由腰控制。慢练的状态要以腰带手，整个上半身都会随着腰的转

动而转动。眼神自然也要与脊椎左右运转方向一致：腰向左转，眼神就左转；腰向右转，眼神也要右转。切记不能斜眼，即眼动颈椎不动。

（2）看前不看后，看上不看下。练拳不能低头，低头眼神就会下看。长期向下看，容易形成低头哈腰的习惯。常言道："低头哈腰学艺不高，身法不能中正。"因此，眼神多要平视。我们习练太极拳的过程中，套路的编排很少有需要向后看的招式，基本上手臂和腿都是向前和左右运化，即便是倒卷肱这样的招式，眼神也是随腰走，左顾右盼，不能向后看。因此，看前不看后。

（3）练时无人似有人，眼看假想敌。俗话说"练时无人似有人"，这就是让我们假想一个对手，练拳时有的放矢，不盲目。这需要我们对招式技法的应用有所了解，眼睛里有对手，出手出腿就有方向。手眼身法步都能配合好，才能做到指哪打哪。眼神是收敛的，不是散漫的。

16. 太极拳有哪些经典理论

经过数百年的发展，前人给我们留下了很多经典的太极拳理论。太极拳界重要的拳论有两篇，一是张三丰的《太极拳经》，二是王宗岳的《太极拳论》。《太极拳经》主要讲习练太极拳的特点和运动状态；《太极拳论》则主要讲了太极拳的运用道理，主要以推手的形式表现。值得注意的地方是，传统中国武术界门户之见甚多，太极拳也有很多流派，然而所有的太极拳门派不约而同地尊崇王宗岳的《太极拳论》为太极拳界至文，足见其地位重要。

张三丰《太极拳经》

一举动，周身俱要轻灵，尤须贯串。气宜鼓荡，神宜内敛，无使有缺陷处，

无使有凹凸处，无使有断续处。其根在脚，发于腿，主宰于腰，行于手指，由脚而腿而腰，总须完整一气，向前退后，乃能得机得势。有不得机得势处，身便散乱，其病必于腰腿求之，上下前后左右皆然。凡此皆是意，不在外面，有上即有下，有前则有后，有左则有右。如意要向上，即寓下意，若将物掀起而加以挫之之力。斯其根自断，乃坏之速而无疑。虚实宜分清楚，一处有一处虚实，处处总此一虚实，周身节节贯串，无令丝毫间断耳。

长拳者，如长江大海，滔滔不绝也。掤、捋、挤、按、采、挒、肘、靠，此八卦也。进步、退步、左顾、右盼、中定，此五行也。掤、捋、挤、按，即（先天八卦）乾、坤、坎、离，四正方也；采、挒、肘、靠，即巽、震、兑、艮，四斜角也。进、退、盼、顾、定，即金木水火土也，合之则为十三势也。

原注云：此系武当山张三丰祖师遗论。欲天下豪杰延年益寿，不徒作技艺之末也。

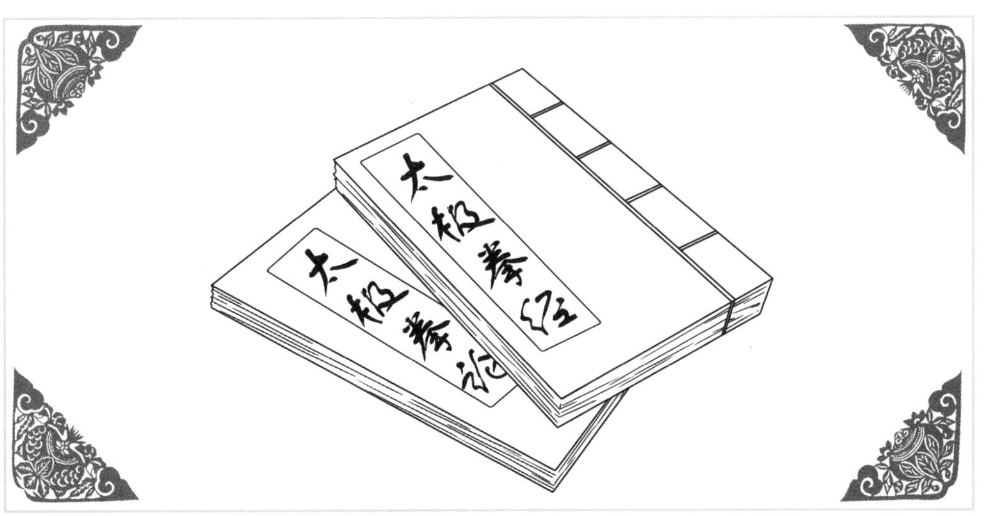

王宗岳《太极拳论》

太极者，无极而生，动静之机，阴阳之母也。动之则分，静之则合。无

过不及，随曲就伸。人刚我柔，谓之走，我顺人背，谓之粘。动急则急应，动缓则缓随。虽变化万端，而理唯一贯。由招熟而渐悟懂劲，由懂劲而阶及神明。然非用力之久，不能豁然贯通焉。虚领顶劲，气沉丹田。不偏不倚，忽隐忽现。左重则左虚，右重则右杳。仰之则弥高，俯之则弥深，进之则愈长，退之则愈促。一羽不能加，蝇虫不能落，人不知我，我独知人。英雄所向无敌，盖皆由此而及也。

斯技旁门甚多，虽势有区别，概不外壮欺弱，慢让快耳。有力打无力，手慢让手快，是皆先天自然之能，非关学力而有也。察四两拨千斤之句，显非力胜；观耄耋御众之形，快何能为。立如枰准，活似车轮。偏沉则随，双重则滞。每见数年纯功，不能运化者，率皆自为人制，双重之病未悟耳。欲避此病，须知阴阳：粘即是走，走即是粘；阳不离阴，阴不离阳；阴阳相济，方为懂劲。懂劲后愈练愈精，默识揣摩，渐至从心所欲。本是舍己从人，多误舍近求远。所谓差之毫厘，谬之千里，学者不可不详辨焉，是为论。

17．什么是“招熟”“懂劲”“神明”

《太极拳论》说了什么，恐怕不是每个人都能明白。虽然很多人曾诠释《太极拳论》，但每个人的理解不同、感悟不同，有些地方的诠释就不一样了。这里我们仅就太极拳中三个阶段的句子做一诠释。笔者走访过很多著名的太极大家，现在把众位大家的理解进行总结整合，以飨读者。

《太极拳论》讲的是太极拳的应用状态，王宗岳将太极拳的训练分成了三个阶段，即“由招熟而渐悟懂劲，由懂劲而阶及神明”中提到的招熟、懂劲、神明。

（1）招熟。招熟，既是拳架套路的招式，又是推手套路的招式。我们练拳，不管是多少式的套路，都要仔细揣摩每招每式，研究每招每式的练法。同理，单推手、四正手、顺步大捋等各种方式的训练，也都是套路，我们也要仔细地揣摩每个动作如何处理，这个阶段需要我们勤奋和用心训练来掌握以达到记住和招熟的目的。

（2）懂劲。在不断和用心地训练后，我们对各种劲法会有清晰的认识。逐渐掌握掤、捋、挤、按、采、挒、肘、靠八法的应用及其相生相克的变化（如捋破掤、挤破捋、按破挤等），懂得劲法的生克变化为懂劲。

（3）神明。在掌握各种劲法的生克变化后，继续训练渐入佳境，可以脱离套路招式的束缚了。《孙子兵法》云："水无常形，兵无常势，因敌变化而取胜者，谓之神。"《太极拳论》中的"神明"是与人推手时可以做到"动急则急应，动缓则缓随""左重则左虚，右重则右杳""仰之则弥高，俯之则弥深，进之则愈长，退之则愈促""一羽不能加，蝇虫不能落，人不知我，我独知人"的状态，不管对方如何变化，我们都可以随心所欲，因敌变化而轻松克制对方取胜，最后达到"妙手无处不混然"的程度。

"然非用力之久，不能豁然贯通。"，道理虽然是这样，但是没有长期的刻苦训练，是不能做到的。"全身无处不是手，挨到何处何处击"非一日之功。因此，我们练拳要有决心、有恒心、有信心，才能逐渐感悟太极之妙，才能"由招熟而渐悟懂劲，由懂劲而阶及神明"。

18．什么是学院派和民间派

这是太极拳爱好者从运动风格上对两类人群做的一个区分。太极拳从创编发展到现在已有几百年，一直在民间流传，口传身授。改革开放以后，太极拳进入高校，有了武术专业，在练习上以传统武术为基础，在技术难度、精气神的表现上融入舞蹈、戏曲等一些元素，以表演和比赛为主，更多的是展现身体的基本素质、形体美外在元素，并且是在高校中进行训练，称为学院派。相对而言，在高校以外，在训练中一直延续着传统的教学和训练，对形体的要求不高，更注重内部气血运化的锻炼，称为民间派。

19. 太极拳都有哪些流派，先练哪个好

从创始至今，太极拳已经演化出了很多流派，大部分都是用创编人的姓氏命名的，如陈式太极拳、杨式太极拳、吴式太极拳、武式太极拳、孙式太极拳、和式太极拳、李式太极拳等；也有以地名命名的，如武当太极拳、青城太极拳、东岳太极拳等；其他还有混元太极拳、三星太极拳等。

另外，还有武术协会为了大众健身和比赛而推出的 24 式太极拳、42 式太极拳、48 式太极拳，以及陈、杨、吴、武、孙等流派的竞赛套路。

这些流派和套路，不分优劣，只是运动风格和特点不同，习练前我们可以找些视频了解一下，再根据自己的喜好、身体状态来决定学习的内容。建议从24式太极拳或者各传统太极拳学起。42式太极拳属于竞赛套路，融合了各个流派的技术特点，初练不容易掌握。其他竞赛套路，为竞赛而生，有些技术动作要求较高，可以后期再习练。

20．太极拳为什么要慢练

慢练不是目的，是太极拳非常独特的训练方式和手段。慢练的目的是催僵化柔，是为了让身体更松，而后节节贯串、行力无阻，周身整合，从而爆发出最快、最刚、最整的力。

功夫全从慢中求，只有慢下来，才有时间去调整我们的身法，去调整太极

拳的动作变化，才能以心行气，以气运身，继而达到敛神行气的锻炼功效。

慢是为了快，柔是为了刚，松是为了整。拳彦曰：“刚中寓柔，柔中寓刚，刚柔相济，运化无方。”这就告诉我们，太极拳可快可慢、可刚可柔，全凭一心。

现代社会，太极拳已经成了广大民众健体强身的一种运动项目，慢练的阶段已经满足了大家的健身需求。慢练更有利于改善周身气血的运行、周身的对拉拔长放松。“表里精微无不至”，也就是以心行意、以意行气、以气运身，慢练才能运劲如抽丝、理顺内在气息。慢慢地，人们也就逐渐放弃了太极拳阳刚的一面，保留了其阴柔的一面；放弃了太极拳快、刚的一面，保留了其缓慢柔和、舒展放松的一面。

21．领悟松、沉、刚、柔四个字，正确认识太极拳

练习太极拳，除勤奋练习外，还需要多悟，拳理明白了，拳法才能精进。松、沉、刚、柔四个字是练拳过程中较多出现的，对其理解直接影响对太极拳的认识。

松，在套路训练中松是心情放松，关节松开，带动肌肉放松，是对拉拔长，是支撑八面，是舒展，是大气，不是懈，不是不用力。

沉，指的是气，而不是身体下沉，不是蹲下，是在身体放松的基础上，心平气和，气沉丹田，身法稳重的表现，这个比较抽象，但不难做到。松和沉是递进关系，身松自然能气沉。

刚，是整劲的体现，是丹田混元一气的表达，是周身一气、内外相合、一动俱动。刚是在身松气沉的基础上实现的，不是一拳打出去有多大力、一脚蹬出去有多快。

柔，是松的体现，不是无骨无力的表现，是劲路运化连绵不断的体现。“运劲如抽丝，处处无有断处。”

22. 中老年人如何习练太极拳

中老年人初学太极拳有很多必须掌握的知识，不然错误的习练有可能会带来不好的结果。通过 20 年的教学经历，笔者总结了如下几点注意事项，希望能帮助广大中老年太极拳习练者。

（1）练拳必站桩，双腿增力量。如何正确地习练呢？首先要有正确的认识，太极拳是一个系统的运动项目，包含了很多内容，如站桩、套路、推手、器械等，套路训练只是其中一部分。有一部分中老年人不适合一上来就练套路，半屈膝的状态会让很多人不适应，再加上一开始找不到正确的身法、步法，很容易让膝盖产生疼痛感。中老年人应该从站桩开始练起，不要急于学习套路。通过一段时间的桩功训练，既增加腿部软组织力量，又能掌握正确的太极拳身法，当腿部力量能够有效地保护膝关节后再开始套路学习，膝关节不仅不会受损，反而会事半功倍，能更好地学练太极拳。这里推荐广大中老年人练习靠墙站桩的方法。

（2）拳法要正确，不求高险美。很多中老年人学拳时，总爱与教练或者教学视频上的太极演练人员做对比，不光让别人看着赏心悦目，自己也享受其带来的内心的成就感。但是太极拳技术的提高一定是循序渐进、顺势而为的，不能强求，如教练的腿可以蹬得很高，拳架可以压得很低，这都不是一日之功。如果没有一定的基础，就想着和他们练成一样，很可能会对中老年人造成伤害。

他们可能是练了很多年，甚至是专业武术运动员，而你只是一个初学的中老年人，身体情况和他们不一样。所以学拳不能教条，一定要根据自己的身体情况来量力而行，要有正确的学习理念。“太极拳是为人服务的，人才是主体，不能被某些人和某些动作束缚自己。”基本身法、步法，动作正确就可以，不用追求蹬得高、架子低、发力猛、蹦得远等所谓的漂亮。

（3）练拳需适度，养练要结合。中国的传统武术，讲究养练结合，三分练七分养。“练拳不懂养，百练功不长。”中老年人练拳，更要“以养为主”。正确地习练太极拳可以达到养身、养气、养神的目的。在习练太极拳初期，可以通过调整吐纳、意气引导、站桩等基本功法来进行凝神聚气，实现养身、养气、

养神。在此基础上再进行太极拳的习练，效果会更好。

从练太极拳的角度而言，中老年人应该遵循以下规则来练习：静练为养，急练会伤；慢练为养，快练会伤；放松练为养，紧张练会伤；用意练为养，用力练会伤；中和大方练为养，心存打人念会伤；敛神聚气练为养，片面发劲跑气会伤；练拳似休息为养，疲劳身心练会伤；练拳似行气为养，努气练会伤；推手善柔化松放者为养，顶力相抗不善运化者会伤。

另外，中老年人练拳在时间上还需要掌握，每次练习应该控制在两个小时之内，以身体舒适为度，练过则伤。练习时间过长也会造成伤害。

（4）学拳须明理，理明拳自成。几百年前，太极拳是少数人的运动项目，练者非富即贵，太极拳的师父也是凤毛麟角，太极拳和老百姓是没有关系的。

现在则不同，到处都是太极拳的教练。街边、公园、各种拳馆，教练数不胜数，其中有各种传人的，有的在别处刚学会几天就急着教学的，还有看着视频自学成才再教大家练的。其教学水平参差不齐。想学太极拳的中老年人也无法分辨教练的水平究竟如何，更无法改变教练的水平。赶上好教练固然是好，如果赶上的不是好教练，又该怎么办？既然改变不了教练，那就改变自己的学习方法。教练的教学不一定正确，但是相关的太极拳书籍应该不会错误，所以，不管教练怎么教，作为学习人员，一定要多读书，明拳理，知拳法，用书上的知识来印证教练所教，指导自己。当教练所教和书籍上的内容有冲突的时候，可以去和教练沟通，以达到正确的练习，避免不正确的练习给自己的身体造成损伤。

23. 什么是太极拳身法上的三个太极（太极拳身法入门真谛）

习练太极拳，我们应尽早掌握身法。没有正确的身法，所谓的套路练习、推手、放松沉气都是无稽之谈，就算你会练 80 个套路，每天看几本太极拳理论书籍也是白搭，仍然是太极拳的门外汉；而掌握正确的身法之后，举手投足皆太极，不拘束于某个套路、某些招式。

不管什么流派的太极拳的教学书籍，书籍的前面内容基本都是对身法的要求。立身中正、虚领顶劲、含胸拔背、沉肩坠肘、坐胯松腰、圆裆开胯、上下相随、内外相合等都是太极拳中基础的基础，身法掌握了，练太极拳才入了门，在身法之上才有腰为主宰，行气如九曲之珠节节贯串等劲路的运行；周身都要处于处处圆润、连绵不断、势如行云流水的状态。

如何才能掌握太极拳的基本身法呢？通过 20 年的教学经历，笔者总结了太极拳身法的快速理解和掌握方法，在这里称为太极拳身法的三个太极。简单地说，太极是对立而又统一的结合体。太极图，半阴半阳，又阳中有阴、阴中

有阳，被统一在一个圆圈内，既对立又统一。为什么说要在身法上找三个太极呢，就是在身法上找三个既对立又统一的劲儿。下面，我们以浑圆桩的状态来讲解身法。

第一个太极，上下对撑，虚领顶劲和坐胯松腰。身法中，从上向下一步步地进行调整，首先要虚领顶劲，就是头部百会穴要有上领之意。怎么做到呢，下颚微收，眼平视。这样就形成了上顶之态，向上的力就有了。向下的力是由坐胯来实现的，双腿微曲收腹敛臀（尾骨内卷）即可。坐胯，就是坐着的状态，这个状态下，命门后凸，一上一下两力通过身体的微调，就实现了对撑，作用在颈椎、胸椎、腰椎和尾椎之上，使各个椎节节节松开，带动后背软组织的放松，而总督全身阳气的督脉就在我们节节松开的位置，松开后会促进阳气升发，沿督脉上行，所以我们站桩会身体发热出汗就是这个道理。

第二个太极，前后对撑，含胸拔背。很多人都把含胸拔背理解错了，即有意识地把胸含进去，结果快成罗锅了，这绝对不是习练太极拳的目的。含胸是为了把背拔开，不是为了含胸而含胸。我们站浑圆桩时，两臂前掤环抱在胸前，吊腕坠肘。两臂前掤，身往后靠，形成前后对撑，这也是力由脊发的瞬间发力的状态。这个时候胸是微微内含的，是通过前后对撑形成的含胸。有前去必有后撑，这是太极拳身法上的第二个太极。

第三个太极，左右对撑，圆裆开胯。很多人非常重视开胯，也会单独训练开胯，但是对于圆裆的理解却不够深刻。圆裆的目的是开胯，所以正确认识了圆裆，开胯也就简单了，无非是开到什么程度而已，如果做不到圆裆，开胯就是无稽之谈了。圆裆的做法很简单，就是膝盖和脚尖上下对应，方向一致。以浑圆桩为例，做到上下对应就要两膝微微外展，两膝外展形成了左右的对撑。身法中的左右对撑还包括两臂环抱状态时，两臂也要左右对撑，形成掤劲。

这三个太极可以通过站桩的方式快速找到，然后运用到太极拳的套路当中，很快就会掌握太极拳最基础的身法要求，并快速提高拳艺。这也是所谓放松的基础，只有在这个身法基础上的放松才是真松，太极拳健身、养身的功效才能充分发挥出来。

24. 为什么说太极拳是智慧之道

天下武功唯快不破，太极拳也不例外。太极拳并不是弱者之道，而是智慧之道。以弱胜强、以柔克刚只是策略，太极拳的训练讲究整劲儿，一开始的慢练，目的是催僵化柔，实现身体内外的高度协调（内三合、外三合），而后进行力量和发力训练，在原身体基础上达到发力速度和力量最大化。通过分阶段分步骤的训练，整合周身之力，用最快的速度去攻打对手最薄弱的位置，实

现以弱胜强。这是太极拳的迎敌战略。

“柔克刚，慢打快”是太极拳的迎敌战术。与敌交手，太极拳讲究柔进刚出，在敌气势如虹时不与敌硬对硬，以粘连黏随的战术去应对，一旦发现对方破绽，则快速击打，击败对方。

25. 什么是气，如何感受太极拳的气，发力时如何使用

气、真气、元气等是基于经络学的概念，每个人都有。在我们练拳时，讲究内三合（神与意合、意与气合、气与力合）。在每个动作的习练中，都要以意领气，由腰行至梢节。这样有意识地带动气的循环，是有利于身体健康的。这也是练太极拳的好处之一。从太极拳的角度讲，气是不能外放的，只能在体内运行。我们不能感觉到气，因为它很微弱。我们能感觉到的是力。

在练拳时，能感受到手上有迟滞阻力感，或者手上有发胀发热的感觉，也只是气血流通至血管和经络梢节末端的表现，达到这个状态需要心静身松。这个状态只能感受，而不能应用。一旦发力，气的状态也就感受不到了，所谓“有气者无力”。

能应用的是气势，而不是气。与人交手气势很重要，这个气势是神意饱满、斗志昂扬，而非看不见摸不着的气。

一般练气功的会讲气，先是培补元气，然后以气运身，再次内气外放。但是这个所谓的内气外放的使用也仅仅是为了帮人调理身体，而不能用于其他。

26. 太极拳的拳架高低快慢怎么掌握

拳架高低与习练者身体素质有关。每个人都是不同的个体，或高或矮，或胖或瘦，有的体质好，有的体质差，有的基础好，有的刚刚练，因此不能一概而论。因人而异，舒适为度，不强求，顺势而为。

27. 为什么太极拳讲得意忘形

得意忘形，是指因心意得到满足而高兴得失去常态，或取其精神而舍其形式。作为一名太极拳习练者，自从开始学习太极拳，就听到前辈们、教练们讲练拳要得意忘形，才是境界。这里的得意忘形指的是得其精神而忘其形式。

到底得什么精神、忘什么形式，这是需要商榷的。这个事情如果不搞清楚，练拳是会出笑话的。

（1）得其身法。太极拳和其他运动项目的区别很多，从练习阶段而言，恐怕身法是第一个不同，太极拳的身法是太极拳修炼的基础，形不正则气不顺，气不顺则神不宁，从虚领顶劲、沉肩坠肘、含胸拔背、立身中正，到坐胯松腰、圆裆开胯等身体各个部位的调整，都需要经过千百次的训练，才能熟练掌握，化后天拙僵为先天柔顺，才能达到骨正筋柔，气血以流，从而达到强身健体的目的。

（2）得其劲法。掤、捋、挤、按、采、挒、肘、靠是太极拳八种基本劲法，是每个太极人应该了解和掌握的基本功法。在八法之中，掤劲既是八劲之首，又是八劲之祖，仔细揣摩训练，才能得其精神，练拳才会有周身对拉拔长之意，圆润饱满之形。在此八劲之上，由外向内求，以心行气，务令沉着，乃能收敛入骨；

以气运身，务令顺遂，乃能便利从心，行气如九曲之珠，无往不利，都是对劲法的概述和要求。

（3）得其规律。太极拳的训练形式不管是缓慢柔和还是刚柔并济，其运动规律都基本相同，如往复需要折叠，进退需要转换，上下相随，运劲如抽丝，其势如行云流水、连绵不断等。

（4）忘其招法。在上述三种太极拳基本元素的基础上，举手投足皆太极，处处见阴阳，处处分虚实，可不受原有运动套路所局限，称为忘其招法。

综上所述，得意忘形，指的是在正确的身法、步法、劲法和正确的运动规律下由心而运，拳由心法的一种练拳状态，绝不是挺胸撅臀、低头哈腰，浑身乱扭还妄称为得意忘形的怪异行径。

28. 习练太极拳分为哪个阶段

习练太极拳的目的不外乎行气血、正骨柔筋、敛神聚气、固本培元。放松、放下后天所执，回归最本质、最初的生命和身体状态。“载营魄抱一，能无离乎？专气致柔，能如婴儿乎？涤除玄鉴，能无疵乎？”简单说就是要返老还童，回去的不是年龄，而是身体状态和心理状态，最终实现身心健康。实现养生的目的需要一个过程。

第一个阶段，站桩、调整身法。骨正筋柔，气血以流。可以通过压腿、活腰、站桩、缠丝功等各种手段放松周身的筋、肌肉。

第二个阶段，催僵化柔。通过缓慢柔和的套路训练，让我们放松，放下后天所养成的习惯和所执，周身协调，回归到最本质、最初的状态，也就是婴儿时的状态。

第三个阶段，松活弹抖。教我们在什么时间什么状态下如何用力。在这些

基础上，我们还要行气血，神意内敛，实现固本培元的目的。气血不足会产生各种病变，通则不痛，痛则不通。末端气血循环不好，就会手冷脚冷；五脏气血不通，就会产生各种脏腑的疾病。

神意内敛，是在练拳时精神专注，以心行气，以气运身，神气都不外散，起到固本的作用。训练由松到静，然后定，最终达到天人合一的状态。

29. 习练太极拳如何练力量和柔韧

拳谚讲："内练一口气，外练筋骨皮。""内练一口气"就是内功的修炼，"外练筋骨皮"就是功力和柔韧的训练。

功力训练，就是通过特定的方式或者特定的器械，进行力量和劲路运用的训练。

套路第二阶段（松活弹抖阶段）的训练和太极推手的发放训练，对劲路的整发能力要求较强。从武术攻防技击的角度而言，也需要增强这方面的能力。因此，功力训练是必不可少的。俗话说："无力练力，有力不用力。"婴儿的拙力未生，劲力最整，但婴儿永远不是成人的对手。因此，有力以及会用力才成为技击的三大要素（一胆二力三功夫）之一。

传统武术包括太极拳的功力训练都不是单纯的力量训练，和西方的力量训练完全不同。太极拳的功力是整劲的训练，是力量和力量整合运用的训练，所以不是单纯地长肌肉。我们练的是"活肉"而不是"死肉"。

太极拳功力训练有各种各样的方法。百把桩，既练腿功，又练发力、指力、握力等。4米的太极大杆子抖动如簧，拿起来就是力量的训练，再加上拦、拿、扎、抖等各种训练手段，使周身力量都得到训练。力量不够整是抖不起来大杆的，更不能力达梢节。太极棒，是对指力、握力、臂力、缠丝力的训练。想练好拿法，太极棒的训练必不可少。如果要提高击打能力，可以进行打桩、打沙袋等训练。从技术传承的角度，太极功力是非常有必要学习和训练的。从健身的角度而言，适量的功力训练也是很有必要的。

柔韧训练，是指对人体各个关节的活动幅度以及肌肉、肌腱、韧带等软组织的伸展能力的训练，它是身体素质的重要组成部分。大量的训练实践证明，加强柔韧性练习非常重要。首先，柔韧性练习可以增强肌肉的弹性，增加肌腱和韧带的韧性，有效地防止运动损伤的发生。在柔韧性训练不足的情况下，极易造成运动损伤。其次，柔韧性与功力相辅相成，相互影响。柔韧性越好，功力越强。柔韧性越好的人，在劲路的运用方面越好，柔化和发放的效果越好，听力越灵敏。最后，习练太极拳后，特别是在比赛或者训练量较大的情况下，柔韧性的训练可以快速并有效地消除疲劳。

柔韧训练是整个训练体系中不可或缺的重要组成部分，必须充分认识其重要作用，只有切实抓好柔韧训练，才能取得理想的太极拳训练效果和健身效果。

柔韧训练手段主要有压腿、踢腿、压肩、涮腰、缠丝功等。这也是习练太极拳放松的第一个阶段。

综上所述，我们基本认识了太极拳运动体系。从健身的角度而言，内外双修是必要的。只不过现今我们对太极拳修炼和认识有不足之处，很多人注重柔韧训练，而不去做功力的训练，导致训练不均衡，从而影响健身效果。

30. 太极拳套路能不能练出功夫

太极拳是一个完整的运动体系，经过了数百年的发展和积累。太极拳几乎是中国武术发展到极致的一个产物，无论是在文化底蕴上、攻防运用上，还是在保健身体、修身养性上，都比其他任何一个拳种更加完善、有效。这个体系中包含训练方法、身法劲法、内功心法、拳理拳法等一整套系统完整的内容。很多人一生当中习练的，可能只是太极拳运动体系当中的一小部分，而且还有可能练错。因此，对太极拳的运动体系进行深入了解和正确认知，是非常有必要的。

套路训练只是整个体系的一部分，是训练时的最终体现形式，如果出功夫，得看什么功夫，是周身协调的功夫、攻防功夫，还是健身的功夫。如果说攻防的功夫，那还不沾边。从套路训练到散手，需要很多步骤，如果按照太极拳的训练体系，需要经历推手、散推、拆招、功力、散手对抗等训练，才能谈能不能练出功夫。

31. 如何正确进行太极拳的套路训练

在太极拳如此之多的训练内容中，不同的阶段又有不同的训练方法。我们首先来讲解套路训练（俗称“盘架子”）。太极拳的套路训练大体分为三个阶段：第一个阶段是催僵化柔；第二个阶段是松活弹抖；第三个阶段是刚柔相济、拳由心发。

第一个阶段，催僵化柔。此阶段习练的目的是将身体各处练得协调，能够松得下来。周身协调是身松的外在表现，柔是劲路松下来的外在表现。只有把僵劲去掉，才能够周身一体，身松气沉。这个阶段，主要的训练方法和手段就是慢练。

第二个阶段，松活弹抖。这个阶段的目的是身松气沉力贯串，即对身体协调训练到一定程度后，开始对身体力量的运用进行训练。身松力松意亦松，这时周身的力才能活，才能节节贯串。周身一体称为“劲”，将力整合一体发出，外在的表现是发力后有弹抖之态。此时的训练也由“慢练”转换为“快慢相间”。外在表现由柔至刚，蓄劲时柔到极致，发力时刚到极致。这个阶段，我们的训练要结合功力练习，来提高训练效果，如百把桩、抖杆子等方法。这个阶段的训练所耗体力、精力巨大，不是所有人都适合练习的。中老年人一般不宜练习，即便是年轻人，也一定要在第一个阶段的习练之后才能进行。通过这个阶段的习练，大家才能明白，之前的慢是为了更快，之前的柔是为了更刚。

第三个阶段，刚柔相济、拳由心发。“刚中寓柔，柔中寓刚，刚柔相济，运化无方。”经过前两个阶段的训练，我们对肢体的掌控、对劲路的掌控、对刚柔的掌控、对快慢的掌控，都已经得心应手。此时，太极拳套路已经完全开始为我们的身体服务，太极拳套路完全变成了一种训练手段。这时，我们可以跳出套路的约束，全凭心意，举手投足皆太极，要刚则刚，要柔则柔；想快则快，想慢就慢。拳由心发，进入更高一级的修炼阶段。

进入第三个阶段的修炼者较少，没有数年苦功也达不到这种境界。这个阶段的习练者完全不受套路的约束，随心所欲，但立身中正、步法轻灵、劲力饱满、气势浑厚，观者皆赞叹！此阶段，一定要加上推手训练和技法训练，最终才能在太极拳攻防上有大成就。至此，套路训练才基本完整。

32．太极拳修炼的三个层次是什么

第一个层次是肢体掌控能力的训练。开始习练太极拳时，我们会发现肢体是不受掌控和驾驭的。要通过长时间的训练才能够肢体协调，上下相随，内外相合。

第二个层次是劲力掌控能力的训练。通过太极拳的训练后，能够做到整合周身力量发于一点，或刚或柔，全凭心意。不仅对自己的力量有所掌控；通过推手训练，还能做到掌控对手的劲路和力量，从而做到知己知彼。

第三个层次是情智的掌控。通过太极拳的训练，将太极哲学融入思想，融入人生，修炼为人之道，中正安舒、不偏不倚；修炼处世之道，轻灵圆活、刚柔相济；修炼立身之道，无过不及、自然而然；享受成功之道，连绵不断、快慢相间。

由拳入道，人生无处不太极。

33. 太极推手分为哪四个阶段

太极推手，又称揉手、打手等，名称虽不同，但其实质是一样的，有人以自己推手的名字不同于其他人而自得，这是毫无意义的。

推手训练是太极拳运动体系中一项重要的训练内容，是以两人对练的形式进行的，这就意味着太极拳的训练不再是一个人的拳架训练，开始有了外力介入。“知己知彼，方能百战不殆。”通过推手训练可以帮助我们矫正自己的身法，提高肢体的反应速度。这种对力的大小、方向、速度的研判，在太极拳中称为“听劲儿”。这种训练是练成太极功夫的重要阶段，但是同时也限制了太极拳的发展，很多人把推手训练当成了攻防的功夫，当成了太极拳的终极对抗手段。因此，就出现了和朋友玩推手得心应手，俨然一位太极高手，但是一上擂台马上就被打得鼻青脸肿、毫无招架之力。因此，正确地认识推手非常重要。

推手训练分为以下四个阶段，通过不同阶段的训练达到不同的目的，最后达到“由招熟而渐悟懂劲，由懂劲而阶及神明”“一羽不能加，蝇虫不能落”的武学境界！

第一个阶段，对劲路的了解阶段。如进行单推手、四正手等有规矩、劲路运行轨迹清晰的训练，训练的目的是矫正身法，检验我们的虚领顶劲、沉肩坠肘，含胸拔背、坐胯松腰、圆裆开胯等，了解掤、捋、挤、按四种劲法的运用和化解。这个阶段的外在表现为身法中正、动作规矩、运动轨迹清晰。

第二个阶段，柔化阶段。在校正身法后，开始柔化训练。这时训练手段相对较丰富些，开始需要有人喂劲儿，来训练我们的身松、气沉、劲松、意松。只有劲和意真正地松下来，柔化的训练才算基本收效。松是无止境的，要想在任何时间、任何地点、任何情况下，都能应对各种来力，就需要通过不断训练来学会放松。这种训练的外在表现是两个人纠缠在一起推来推去、相互化解，没有规定的动作套路，没有清晰的运动轨迹。

第三个阶段，发放阶段。慢是为了快，柔是为了刚。柔化的训练不是目的，而是为了整合发放。柔化为阴，发放为阳，有化有发、有阴有阳才是完整的太极。此阶段的训练也需要有人喂劲儿，对来力先行柔化，再予刚发，也就是引进落空合即出的状态。这个阶段训练的外在表现是，两人一搭手，就有一个人雀跃而出。

第四个阶段，烂采花阶段。这个阶段是在上述三个阶段的训练基础之上，不但没有固定的练习规律，没有清晰的运动轨迹，甚至训练的两个人不再互相喂劲儿，双方开始无准备无规律地相互攻击和化解，攻防完全靠周身的反应来实现。这看起来似乎有点像实战了，但是这个阶段仍然没有脱离推手训练的范畴，依然有很多限制和规定，如不能击打、不能抓拿、不能搂抱等。这个阶段的训练外在表现好似两人摔跤，但是因为上述诸多限制，所以从观赏程度上不如摔跤漂亮和激烈。

至此，推手训练基本结束，校验了身法、劲法，学会了柔化和发放，经过长期的训练可以达到相对高级的境界。肢体反应灵敏无比，对外力的反应快而有序。

34．什么是太极拳的双重

20 年前，笔者在北京大学的操场上练拳，一位体育老师问：“双重是什么意思？”笔者一时语塞，没有回答，不知道该怎么回答。

从开始练拳，师父就让我背王宗岳的《太极拳论》。《太极拳论》是各派太极拳的基础理论，是太极拳的经典，而双重一词就出自《太极拳论》："偏沉则随，双重则滞。每见数年纯功，不能运化者，率皆自为人制，双重之病未悟耳。欲避此病，须知阴阳：粘即是走，走即是粘；阳不离阴，阴不离阳；阴阳相济，方为懂劲。懂劲后愈练愈精，默识揣摩，渐至从心所欲。"

因为初学太极拳，教练一般都是让学员从套路入手，对太极拳身法、步法、腿法、手法都要有基本的认识，熟练掌握套路；此外，会比较注重软功（柔韧）和桩功的训练。所以很多人对双重的理解就会被限制在太极拳的套路中，很多人对双重的理解基本就是步法上的虚实和阴阳变化，看练拳时重心是否五五开，如果五五开就是双重，如弓步、虚步等步法虚实分得清晰，就不是双重，而马步就是双重。起势的时候，重心在双腿之间，双腿是五五分的重心；还有在云手时，也会在转换间出现短暂的重心五五分，所以有的人把这些问题排除在外，认为这不算双重，靠这样自圆其说，也有一定的市场。

既然跟套路没关系，那么双重在讲什么呢?

简单点讲，双重是在和人推手时，身上没有松开，僵着周身，双臂同时用力和人顶牛。在这个状态下，身体是僵的，当然不能运化，只要对方稍微比你强些，定会被对方所制。《太极拳论》告诉我们须知阴阳，而理解知阴阳容易，做到却很难，需要我们松下来。"先松心，再松身，后松劲。"这个过程需要我们长时间的训练和体悟。"松心"是心里不紧张，"松身"是周身对拉拔长，"立如枰准，活似车轮。""松劲"是接手半边空，接哪不要哪，不接对方的力，是"舍己从人"。在这个基础上去参悟和练习，很快就会避免双重。

先松心，再
松身，后松劲。

35. 太极拳的基本身法有哪些

太极拳既是武术又不同于其他武术。太极拳独特的理论基础，造就了其独特的身法。对于习练太极拳而言，身法极其重要，它是太极拳训练由心知到身知的必备条件。太极拳的身法是习练太极拳以及通过太极拳健身的基本保障，好的身法事半功倍，练拳优美漂亮、劲路连绵、身体越练越健康；不正确的身法不仅会让拳法丑陋，甚至会对习练者的身体造成伤害。太极拳的身法训练是初学太极的重中之重。

身法就是习练太极拳过程中身体各个部位应该保持的状态。每个人开始学习太极拳时，或者看书或者找教练，一开始经常会听到或看到立身中正、虚领顶劲、坐胯松腰、沉肩坠肘、圆裆开胯等术语，让人云里雾里，不知道该怎么办，甚至有些教练的回答也不尽如人意，最终是稀里糊涂，不知怎么处理。

太极拳的基本身法如下。

十趾抓地：脚趾在练习中要微微抓地，不要用力，给意即可。脚趾抓地后，脚趾关节松开，形成了脚心中空，脚的着力点为脚掌和脚跟。脚弓形成，掤劲出，站立稳。

双腿微屈：只要不是站直，腿就是微屈的状态，双腿要屈，以实现腿部的对拉拔长。

圆裆开胯：主要体现在步法当中，通过膝盖和脚尖的调整来实现。双膝微微外撑，左脚的脚尖和左膝盖方向一致，右脚的脚尖与右膝盖方向一致。

坐胯松腰：收腹敛臀，尾闾下垂，将腰椎向下松开，如坐椅凳。

立身中正：中正安舒，既不能身体前探弯腰，又不能身体后仰挺肚子。

含胸拔背：含胸是手段，其目的是把后背拔直、保证中正。所以说含胸是相对挺胸而言，不挺即为含，切记不要胸凹进去而后背罗锅。

虚领顶劲：练拳时，下颚微收，眼睛平视，头部即可微微领起。

沉肩坠肘：手臂上有肩、肘、腕三个关节，除肘击动作外，在任何动作中，保持肘关节处于最低位即可（在做动作时，将大小臂对折，肘关节斜向下）。

手指直而不僵：要做到十指直而不僵微微并拢，如若用力过度，十指后翘即为僵。

坐腕立掌：手掌立起，手向前推的状态。

36. 什么是开胯和坐胯

习练太极拳必然涉及腰胯的问题，绕不开，跨不过。这是身法问题，是基本问题，不懂腰胯就不懂太极拳。胯是大拳头，对胯的理解和运用的确很重要。“练拳不懂胯，其他皆空话。”胯是腰腿之间的大关节，承上启下，最为重要。胯由腿骨、盆骨、尾骨以及周围的软组织等组成。练拳时，胯的应用主要有开胯、坐胯，以此达到身法的工整和劲力传递的顺遂。太极拳爱好者对胯的描述比较多，如松胯、沉胯、掖胯等，但都离不开开胯和坐胯。

开胯就是打开、松开，就是松开胯内部的所有关节和软组织。压腿、踢腿以及横叉、竖叉等训练都是开胯的训练，都是松开其中关节和软组织的训练，在练拳时身法上有“圆裆开胯”的说法。裆圆时，胯内部的关节和软组织才能松开。开胯有程度的问题，不能说打开横叉就开胯了，也不能说竖叉就不是

开胯。只要是胯内部的关节松开，就是开胯。只要松开了胯内部的各个关节和软组织，气血的运化就会改善，骨正筋柔气血自流。松开了胯，力的运行就会节节贯串无微不至，身松力活，就能做到由腿而腰完整一气，而腿部的运动也变得灵活而有力，所以任何武术都要求开胯。

坐胯很多人也称松胯、沉胯等。之所以用坐胯来描述，是因为坐更能充分地表达。敛臀下坐而形成坐胯，腰椎松开，命门处填平是坐胯的重要衡量标准。站桩时，我们要“如坐高凳”。坐胯在太极拳中非常重要，特别是陈式太极拳，因为陈式太极拳的基本步法为马步，一到定式就需要坐胯，以便于引气下行，气沉丹田（也有表述为气沉脚底）。并不是蹲得越低就是坐得越好，只要是身法对，那就是坐下了。其他太极拳中也会涉及，但凡出现马步、虚步甚至独立

的状态，都要坐胯。站桩也是保持坐姿。太极拳是坐着练，不是蹲着练。坐胯和虚领顶劲是一对上下矛盾的关系，胯下坐而松腰（把腰椎节节松开），头上领而松颈椎，上下对撑把脊椎全部节节松开，从而实现松脊椎通督脉升阳气的目的。

因此，在习练太极拳时把胯的问题搞清楚，会让我们的练习事半功倍。

37. 什么是九曲珠

太极拳中的“九曲珠”主要是指人身体上的九个关节：手、腕、肘、肩、脊、腰、胯、膝、踝。“行气如九曲珠”，是指气和劲力在身上运行，经过关节时无阻滞，周身松活，节节贯串，无微不至。“一举动周身举要轻灵，尤须贯串。”“力从地起，生于脚发于腿，主宰于腰，行于手指。”

38. 为什么说练好太极拳应从手眼身法步入手

如何练好太极拳，教练的回答五花八门，例如，“拳打千遍，其理自现”“功在于恒”“勤能补拙”等。理不错，法不明，习练者还是难以找到方向，以至于事倍功半。

习练太极拳，应从最基础的手眼身法步入手，这是前辈们留下的宝贵经验。传统武术训练中的四击八法十二型（二十四要），就是对武术的基本要求。四击即“踢打摔拿”，是武术的基本技法；八法即“手、眼、身法、步，精神、气、力、功”，是武术练法的基本要求；十二型即“动如涛、静如岳、起如猿、落如鹊、站如松、立如鸡、转如轮、折如弓、轻如叶、重如铁、快如风、缓如鹰”，是武术的基本运动形态。

每位太极拳习练者都应该从武术的基本要求入手。绝大多数习练者根本不知道手眼身法步，特别是很多人都是退休后才开始太极拳的学习，体质差，身体僵。很多太极拳教练也不讲这些，直接就从套路开始教授。习练太极拳应从手眼身法步入手，讲手法、讲身法、讲步法，然后再讲套路。

从手眼身法步入手，首先应知道正确的要求。不同的拳法，又有不同的变化，我们这里只从太极拳方面入手分享。

（1）手法。基本手法为拳、掌、勾。

①拳。各式太极拳中，拳的要求基本一致；五指卷曲，大拇指压在食指和中指的第二个指节处，拳面要平，拳心要空。

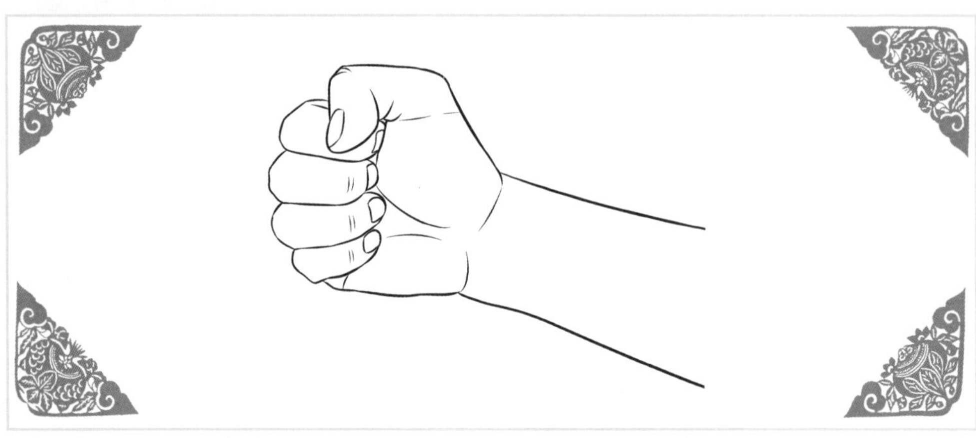

②掌。陈式太极拳要求瓦楞掌，五指微微分开，除拇指外，其他四指依次递升或递降，大小鱼际相合，掌心内含，如瓦一般。其他太极拳的掌型基本一致，五指自然微分，手指微曲不伸直，虎口撑圆，掌心内凹。掌心形似荷叶，掌背如龟背。

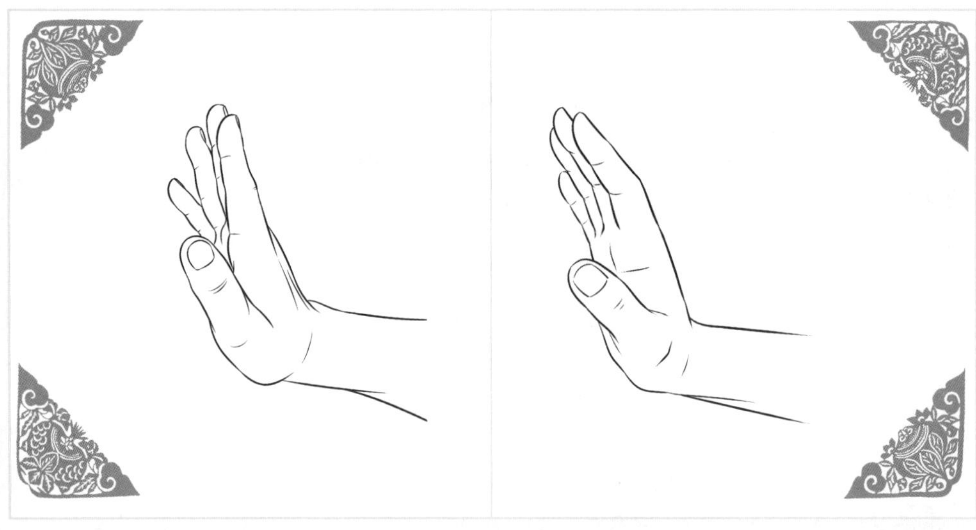

③勾。五指尖捏在一起，分圆勾和尖勾。陈式太极拳主要用圆勾，其他太极拳则多用尖勾。

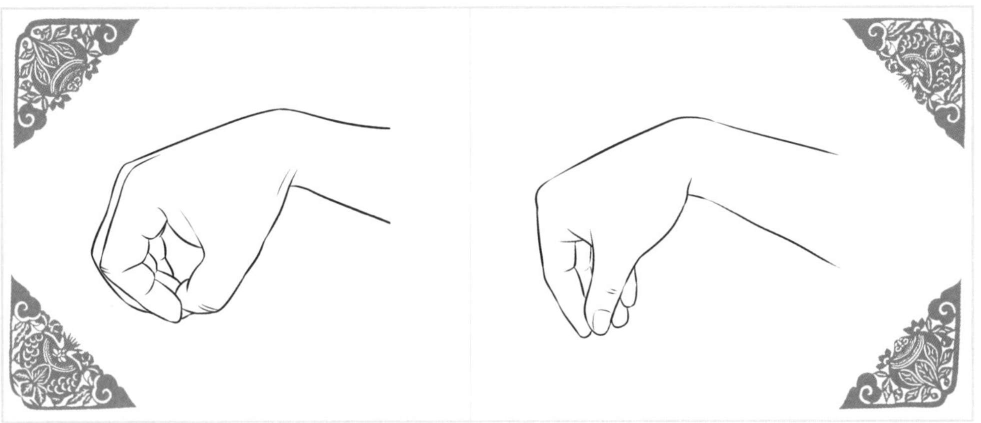

（2）眼，即眼神所在方向。这个问题在前文已有所描述。

（3）身法。太极拳身法与其他武术的身法区别非常大，但各流派太极拳的身法基本一致。

（4）步法。步法对初学者最为重要。很多习练者就是因为不会步法，导致膝盖受损。基础步法主要有马步、弓步、虚步、歇步、仆步等。五步拳，就是主要练习步法的，就是给习练者打基础用的。

①马步：两腿平行开立，两脚间距离三个横向脚的长度，然后下蹲，脚尖平行向前（习练太极拳时脚尖可微微外摆）。两膝向外撑，膝盖不能超过脚尖，大腿与地面平行（习练太极拳时因人而异，可以略高）。同时，胯向前内收，臀部勿突出。这样能使裆呈圆弧形，俗称“圆裆”。

②弓步：一腿向前方迈出一大步，约为脚长的四至五倍，同时膝关节弯曲，大腿近于水平，膝盖与脚尖方向一致。“前腿弓，后腿蹬”是指前腿屈膝前弓，大腿接近水平，小腿垂直地面；后腿自然蹬直，脚跟外展，脚尖斜向前方 40°左右。两脚横向距离约为 10 ～ 30 厘米。

③虚步：两脚前后开立，前后距离为脚长的一到两倍，左右为一脚左右的距离，后腿屈膝半蹲，重心落于后腿；前腿微屈脚尖向正前，脚面绷平，脚掌虚点地面。后腿脚尖外撇，两脚夹角约为 30° 。

④歇步：两腿交叉靠拢全蹲，一脚全脚着地，脚尖外展，另一脚前脚掌着地，膝部靠于前小腿外侧，臀部接于另一脚跟处。左腿在前为左歇步，右腿在前为右歇步。

⑤仆步：两腿左右分开，两脚距离约为脚长的四至五倍，一腿屈膝全蹲，膝部与脚尖外展；另一腿伸直平仆，接近地面。两脚全脚着地。左腿伸直为左仆步，右腿伸直为右仆步。

39．什么是静，如何入静

习练太极拳、站桩、打坐，都离不开静。静是一种状态，静是一种修为，静是一种能力。静为无声，静为安定，静为不动，静为无噪声，静为无杂念。静就是脱离嘈杂，剔除心中的杂念，保持心情的平和、忘我。

入静说起来容易，做起来却很难。教练会要求我们什么都不要想，但是我们什么都会想；因为静是一个过程，需要不断调整，不是一蹴而就的。因为我们是人，有血有肉有思想的人；现在，人们生活压力大，更难得一静。因此，静是一种能力。

什么都不想，不是静，是空，是无，是天人合一，是更高的境界，是最美妙的境界，习练者很难到达。什么是静呢？我们专注工作、读书、欣赏某部影视剧、陶醉于优美的音乐时，心反而是静的，心如止水毫无涟漪。

专注为静，专注于一事为静，专注于一念为静；习练太极拳时，我们专注于动作变化，或者专注于内部气血的运化，身体动起来，心反而静了下来，才能内心平和、心生喜悦。这也是很多人迷恋太极拳的原因。站桩和打坐时，身体是静态的，内心也要静下来。训练时，我们会采用一些方法，如意守法、数息法等。以一念代万念，主动专注于一个念头，来取代其他想法。因此，静是一种修为。

专注一念，就是最好的调心、静心之法。

40．什么是武德

《左传》中有“武有七德”的论述：“一以禁暴，二以戢兵，三以保大，四以定功，五以安民，六以和众，七以丰财。”随着时代的发展，武德的含义也在不断地变化发展，大多以“尊师重道，孝悌正义，扶危济贫，除暴安良”“虚心请教，屈己待人，助人为乐”“戒骄奢淫逸”等作为武德信条。武术的各拳种流派，也都有自己的“门规”“戒律”“戒约”，并以“三不传”“五不传”“十不传”“八戒律”“十要诀”等为武德的标准。1987 年全国武术学术研讨会，将武德规范概括为“尚武崇德，修身养性”。

武德是指从事武术活动的人在社会活动中所应遵循的道德规范和所应具有的道德品质，即武术道德。“道”一般指事物运动变化的规律，并引申为人们必须遵循的社会行为准则、规则或规范；“德”即得，人们认识“道”，遵循“道”，内得于己，外施于人，便称为“德”。“道”主要指一种外在的要求，“德”则指内心的情操或境界。

习武为什么要先习德呢？止戈为武，武是一种能力，用得好可以扶危济困，除暴安良，防身自卫；心术不正者，亦可以欺凌众人，作为盗窃抢夺之资。因此，习武之人具有高于普通人的能力，更要约束自己的言行，更要加强德行的修养。

习武之人也是普通人，也要遵循和其他人一样的道德规范，那么这个德是什么呢？其实很简单，那就是仁义礼智信，温良恭俭让，忠孝廉耻勇。

仁义礼智信，温良恭俭让，是做人的起码道德准则，此为伦理原则，用以处理人与人之间的关系，组建社会。依这个伦理原则处之，则能直接沟通；通则去其间隔，相互感应融洽，是一切社会成员间理性的沟通原则、感通原则、谐和原则。

忠心、孝悌、廉洁、知耻、勇敢指的是人应信守、践行的五种高尚品格。品德之于品性，侧重德性，是对人的为人处世原则的概定；品性之于品格，侧重性情，是对人的自我性情秉持的概定；品格之于品德，侧重风格、人格，是对人的持家理政风格、人格的概定。

因此，习武先习德，是让习练者在掌握一种能力前，先学会为人处世，并以此行为规范来约束自己的心性和能力，戒骄奢淫逸。

41．太极八法是什么

太极八法，不是八个招式，不是八个动作，而是八种劲力的运用。很多小套路，如八法五步、太极十三势等，很容易让人误解太极八法就是八个招式。那么八法是什么意思，应该怎么理解呢？

拳论曰："由招熟而渐悟懂劲，由懂劲而阶及神明。"懂劲是指能察觉对手的力量变化并知道如何运用我们的力量。在太极拳中，把察觉对手力量变化的能力称为听劲，把劲力的运用分为八种劲别，称为掤、捋、挤、按、采、挒、肘、靠，也称为太极八法。

（1）掤。掤劲为八劲之首，且贯穿始终，其他七种劲都是在掤劲的基础上进行的，所以其又被称为八劲之祖。什么是掤劲呢，"掤要撑"，就是撑开的意思，前后、上下、左右六面对撑。"以丹田为核心，一切向外的力都是掤劲。"不是单纯地抬起两个胳膊叫掤，也不是做个揽雀尾就是掤。推一掌，打一拳，踢一脚，所有向外的动作都称为掤。其他七种劲是在掤劲的基础上又做了细分。所以要掤着捋、掤着挤、掤着按，所有动作都不可松懈。

（2）捋。捋要轻，又说捋在掌中，用手来捋，轻轻地捋，其实不尽然。捋劲在于改变对方进攻路线，主要是防守和化解，同时防中有攻，因此也可以用手臂和身体来捋，“四两拨千斤”就是这个意思。捋劲的应用，不是阻止对方进攻，而是改变对方进攻的方向，得势时再送对方些力，使对方的力走空，不仅伤不到自己，同时借对方之力将对方打出。捋破掤，对方走掤劲时，应用捋来破对方的掤劲。

（3）挤。挤要横，挤劲为横推之力，一般挤在手臂，两臂于胸前横叠，通过步法虚实的运用，将对方挤出。虽用在两臂，但脚下的虚实最为关键，运用时，一脚抢占对方中心，重心前移将对方挤出。对方捋我们时，运用挤来化解。

（4）按。按要弓，在太极拳中，把所有以掌为形式向外推（向下、向前、向左、向右）的动作统称为按。“按在腰功”，并不是要靠腰的转动把力按出。虽然腰为主宰，但还有“力由脊发”一说，即掌与后背形成对撑之态，“前去之中必有后撑”。“一身备五弓”其中一弓就是脊椎反弓。在掌按出的时候，后背后撑脊椎形成反弓。

（5）采。采要实，用十指采，采在梢节。采和捋相似，但用法截然不同，捋为防守，采为进攻。采劲体现在手上，用手指来采，动作短促而又激烈。在用法上，采对方的梢节（如头发和手指）。抓住对方的头发或者某一根手指下采。太极拳讲以弱胜强，在运用中就是整合最大的力量去攻击对方最薄弱的位置，将力量运用得当。用一只手去采对方一根手指，在全局看可能是弱小的，在局部看却可能是赢家。这样才能实现以弱胜强。

（6）挒。挒要惊，挒在两肱。两臂同时向不同的方向发力为挒，如野马分鬃、裹鞭炮、劈架子、海底翻花等。用时势如撕裂，多配合腰的运用，其劲短促激烈。

（7）肘。肘要冲，曲使为肘。“宁挨十拳不挨一肘。”以肘尖发出和通过大臂旋转而产生的力，其劲短促激烈。用肘时注意距离，太远易犯未到时而劲疲，过近则势闭而不能发。用手不得势时，唯有用肘助之。肘为人之二门，较手为短，发之得势，较手之猛，可直攻心窝。在太极拳中，肘关节的运用为肘法，膝关节的运用也为肘法，如金刚捣碓、金鸡独立、海底翻花等招式中都有膝的运用等。

（8）靠。靠要崩，劲如绷簧，蓄势很小，迅即而出，似撞击。“远踢近打贴身靠。”靠法不仅在肩胸，周身上下很多地方都可以靠，“全身无处不是手，挨到何处何处击。”常用的靠法为肩、胸。此外，还可以用腹靠、背靠、胯靠、膝靠等。

42．为什么说太极拳是后天返先天的运动

陈鑫前辈在《学拳须知》中写道：“复其本然，教者即止。”其道理是：习练太极拳是恢复我们本来的状态，由后天状态返回到先天的状态，是减法训练，是返老还童的训练。

后天状态，即成人的身体和心理状态。

先天状态，是婴幼儿时的状态。在学会直立行走前的身体和心理状态，返老还童并不是说真的让老人变成小孩，而是返回到小孩时的身体和心理状态，即先天状态。

那么先天状态有什么好呢？婴幼儿时，骨弱筋柔，气血自流，身松力整，蹒跚学步，不管摔倒多少次都不会受伤；元气充沛，纯阳之体，冬天可以穿开裆裤，睡觉不用盖厚被；内心宁静，无所烦恼，除吃和睡觉，世上再无烦心事。

后天状态，骨不正而肉僵，气血常常会堵塞，产生病痛；元气消耗殆尽不能升发，每日里精神萎靡；内心杂乱，不能安宁，患得患失，郁郁寡欢，觉不能眠。

太极拳的训练就是后天返先天的训练，身心皆能复其本然的过程。

首先，习练太极拳时对身体的要求和其他运动截然不同，其他运动都是后天的状态，对身体没有太多要求，而太极拳则要求把全身的关节和软组织松开，即放松，有细致的身法要求，如虚领顶劲、坐胯松腰等，这些就是先天的状态、本然的状态。成人可能做不到骨弱筋柔，但通过训练可以达到骨正筋柔，气血以流，从而改善身体的健康状况。

其次，太极拳还是大脑支配的意气运动，通过习练太极拳，使我们内心安静、平和、清净，专注而快乐。我们开始习练太极拳时，意识会专注于动作的变化，身法的调整，心由此变得平静；再练，由外至内，心念专注于体内气血的运化，不受外界影响。拳论中讲“以心行气，以气运身，务令顺遂，节节贯串，无微不至”，更能起到敛神聚气的作用。因此，习练太极拳不仅不消耗我们的能量，反而可以增补，使我们神足气满。很多练太极拳得法的老人都精神矍铄、鹤发童颜就是这个缘故。

第二章　站桩之道

第一节　站桩简介

武术源远流长，博大精深，门派众多，套路和内容非常丰富。然而真正称得上精华的东西却是大道至简的站桩，看似基础，却最为核心。

从古至今，凡是在武学上有所建树、有所造诣的武林泰斗、功夫巨匠、技击大师莫不出自站桩。各门各派拳法的修炼对站桩也极其重视，必须首先要练好桩功。“未习打，先站桩。”“无腰无马不成功夫。”中国近代拳学改革家、拳学理论家、大成拳创始人王芗斋曾对站桩有过高度评价：“大动不如小动，小动不如不动，不动之动乃是生生不已之动。”

站桩是我国古代养生术的一种，早在 2000 多年前的《黄帝内经》中，就有“上古有真人者，提挈天地，把握阴阳，呼吸精气，独立守神，肌肉若一，故能寿蔽天地”的记载。站桩功之所以能够治病，在于它既能保养心神，又能锻炼形骸；在于它既能健强脑力，又能增长体力。现代医学认为这种功法不仅可以使血液循环畅通，新陈代谢旺盛，加强各脏器、器官以至细胞的功能，同时也使全身肌肉得到惰力性的体育锻炼，产生一种内向的冲动，从而给大脑以良性刺激；再者，未入静前，体会轻松舒适之感，对大脑也是良性刺激；入静后，进而产生抑制性保护作用。我国中医学认为这种功法既能疏通经络、调和气血、使阴阳相交、水火既济，又能助长精神、锻炼形骸、增长力气。

站桩的桩字取义于“桩”，它的意义在于：一方面是说像“树桩”那样静止稳定不动，在不动中修炼内脏气息的调动，锻炼劲力的增长，即所谓“静中求动”；另一方面则是说通过桩功的锻炼，气息调动了，劲力增长了，下盘能够像桩那样稳固不动。少林拳术秘诀里说：“马步（站桩）熟练纯习，则气贯丹田，强若不倒之翁。”因此，几乎所有拳种都得“练功先站桩”。

《少林寺内外功真传》中说：“站桩为诸拳之基，为使打下最难的功夫基础和铁打铜铸的身子，必须坚持日日练，月月练，年年练，持之以恒，勿求速效，由微而著，以此为学拳入门之捷径。”“练此（站桩）之法，从不能投机取巧或一站而起，必须以憨厚傻直，悟性不假之精神去练习，以咬钉嚼铁，意志苦坚，硬如铁打的汉子去锻炼。究其成功之时，虽足二寸在悬崖，而站立其上也能‘坚实咬定，推挽不坠，振摇不动，异常惊人’。而后所学的一切拳法、打法、击法等，均可疾速收到惊人罕见之效也。”“成功的根是苦的，而果子是甜的。”笔者曾经跟随我国著名武术家北京体育大学的门惠丰教授习练四年的站桩，每次都站两个小时，遍尝其中滋味，却受益匪浅，对身法、劲法以及太极的理解都产生了质的飞跃。

站桩是中国武术区别于西方搏击术的一大特色。西方搏击术基本上都是着

重于肌肉力量的增加和外部形体的训练，其训练方式不外乎负重练习以求得体格的强化，以供搏击所用，即所谓“外强”；而中国武术则更着重于“内调”，讲究以固有体态能量最大限度地发挥，敛神聚气，增补能量，延年益寿。这是中外两种体系搏击术研究的主题和方向差异造成的。站桩就是在这种训练理念下所形成的一种极具代表性的训练模式。所以大部分武术训练将站桩作为一项基础性训练。

第二节　站桩的好处

提起站桩，很多人都知道站桩能养生，能改善身体质量。有好多谚语大家都耳熟能详，如“站桩百病消”“百练不如一站”等，但恐怕大部分人都说不清其原因。笔者在代代传承的基础上结合20年的教学经验，总结了站桩的几大好处。

一、练拳必站桩，双腿增力量

笔者跟随门惠丰教授学艺时，20岁出头，已经练拳十来年，学过很多武术套路，但门教授让我从基本功开始练，从站桩开始，每次站两个小时，并且非常严格，偷不得半点懒。一站就是四年，尝遍其中滋味，除时不时给定身法、校正身法外，门教授只有一句话：“练拳必站桩，双腿增力量。”每当站至腿部酸痛无比时，门教授还是只有一句话：“正在长功力。”

为什么站桩能增强腿部力量呢？站桩的时候，身体虽然是站立的形式，但实则取了坐的状态，老话讲如坐高凳。双腿微屈不是蹲下去了，而是坐下去了，两腿形成弓形，腿的前侧捌着劲，如两张拉开的弓。大腿前侧肌肉和韧带得到抻拉的锻炼，久而久之，会增加腿部肌肉等软组织力量，并且会保护膝关节。所有的关节都是靠其周围的软组织保护，常见的膝关节疼痛大部分都是因软组织无力损伤了关节。

“人老先老腿”，这是因为腿部肌肉没有锻炼，没有力量，气血循环不好而造成的肌肉萎缩，从而迈不开步，走路不稳，平衡能力变差。“现代医学告诉我们，当血液从下肢向心脏回流时，需要通过下肢的肌肉运动和静脉联合把血液打回心脏，这是个不小的力量。从这个角度讲，下肢称得上是人体的第二心脏。”所以，站桩不仅仅是增强腿部力量的问题，还能改善血液循环、预防很多疾病。

二、调身法，骨正筋柔气血以流

练太极拳讲究放松，最重要的一个环节就是松身——松开身体各个关节，松开关节周围的软组织，这样才能做到“以心行气，务令沉着，以气运身，务令顺遂，节节贯串，无微不至”。

站桩的身法要求就是太极拳的身法要求，两者是一致的。所以站好桩就能练好太极拳，站桩的好处之一就是练调身法，在静态中调身法比在动态中（练拳）更容易。

站桩就是通过对拉拔长的形式，将全身所有关节松开、拔正，从而达到“骨正筋柔，气血以流”的健身目的。中医讲的“痛则不通，通则不痛”，说的就是气血循环要通畅，不然就会气郁血塞，就会生病。

松开身体关节，就是复其本然，恢复到我们人类最初始的身体状态，即婴儿学会直立行走之前的状态，那时为骨弱筋柔，气血以流，元气充足，我们人到中年虽然不能骨弱筋柔，但可以骨正筋柔，气血以流。

站桩可以调整一切和关节有关系的疾病，特别是脊椎上的问题，如腰椎间盘突出、腰椎侧弯、胸椎侧弯、驼背等就是脊椎不正造成的。“脊椎正则百病不生。”为什么呢，医院给出的数据是人体 80% 的慢性疾病都跟脊椎有关系，脊椎上有 32 对神经线连接着我们的五脏六腑，中医认为五脏六腑都挂在脊椎之上，所以脊椎两侧有很多与内脏相关的穴位（如心俞、肺俞、三焦俞、肾俞等）。脏腑的问题有可能是脊椎的问题。常见的颈椎问题会引发眩晕、失眠、鼻炎等问题。

站桩的身法调整能抻拉脊椎（虚领顶劲和坐胯松腰，实现上下对撑），拔正脊椎，从而实现改善脊椎的问题。同时，沿脊椎有我们身体上的重要经络——督脉，总督全身阳气，阳气升发不起来，就会萎靡不振，就会惧寒怕冷，就会问题丛生。一旦松开脊椎，就会使督脉畅通，从而阳气上升。很多人身体不好

并不是这虚那虚，而是阳气不能升发，不能运化到周身。

站桩对脊椎、颈椎都有好处。

中医讲气血，气血是人体的最基本物质，其作用就是沿着经络和血管运化到周身各处，滋养五脏六腑、骨骼肌肉、毛发皮肤，如果某处堵塞，就会生病。站桩就是正骨，打通气和血的通路，能强身健体、祛除百病。

三、练呼吸，改善心肺功能

人时时刻刻都在呼吸，但往往也最容易忽视呼吸。众所周知，肺是人体内外气体交换的主要场所。很多人因为呼吸太短促，使空气不能深入肺叶下端，导致换气量小，所以大多数人一生仅使用了肺的三分之一。

事实上，现代人的呼吸状况确实不容乐观。不少现代人呼吸浅短无力，致使血液中含氧量降低，再加上平时的饮食失衡、运动不足，导致各种慢性病随之而来。常坐办公室的“上班族”，普遍缺少运动，呼吸又浅又短。这种呼吸方式每次换气量都非常小，在正常呼吸频率下通气不足，会使体内的二氧化碳累积，导致脑部缺氧，出现头晕、乏力的症状。

桩功的练习离不开呼吸的锻炼，一个完整的桩法、身法、呼吸和意念缺一不可。不管是顺腹式呼吸还是逆腹式呼吸，还是体呼吸抑或胎息，都是深呼吸。通过长期的训练，可以降低呼吸的频率，增大肺活量。在古代，古人就把呼吸的训练放在了养生非常重要的位置上。

那么练呼吸都有哪些好处呢?

（1）养肺。肺的主要功能就是呼吸。每天做深呼吸，放慢呼吸频率，就是一种很好的养肺方法。

（2）防治呼吸系统疾病。呼吸系统疾病有很多，如支气管炎、肺气肿以及哮喘等，这些疾病给我们的身体造成了严重的伤害。如果我们长期坚持深呼吸，能够恢复肺部的弹性，增强抵抗力，可以抵御呼吸系统疾病的感染。

（3）锻炼肺活量。深呼吸的同时肺活量也会大大地增加，不仅能够起到预防、缓解疾病的作用，还可以促进身体恢复健康。

（4）防治高血压。每天进行深呼吸能够有效地降低血压。如果经常进行深呼吸，能够令所有的肺泡都运动起来，促进血液循环，扩张血管，降低血压。

（5）锻炼胸腹部肌肉。深呼吸能使人的胸部、腹部的相关肌肉、器官得到较大幅度的运动。

（6）放松精神。深呼吸能解除疲惫，放松情绪，减轻心理压力。深呼吸是

自我放松的最好方法。

（7）促进睡眠。进行深呼吸锻炼，能够令紧绷的神经放松下来，心情也会更加舒畅，因此入睡也就更加容易，血液中养分充足后，更容易获得优质睡眠。

（8）改善脏器功能。深呼吸能较多地吸进氧气，呼出二氧化碳，可以排出肺内残气及其他代谢产物，吸入更多的新鲜空气，以供给各脏器所需的氧分，提高或改善脏器功能。

（9）克服恐惧。很多人都有经验，如果要面对一群人做演讲时，心情紧张，心跳加快，可能大脑一片空白。这个时候进行深呼吸，可以缓解压力，提升身体含氧量，使心情恢复平静。

（10）养肾。经常深呼吸，可以促进肾的吸纳功能，从而达到养肾的作用。

（11）深呼吸还可以提高血氧含量。最新研究表明，血氧含量的提高可以有效地抑制人体细胞的衰老，实现强身健体、延年益寿的锻炼功效。

四、调心，敛神聚气，固本培元

站桩的功效，不仅在于改善我们的身体质量，让身体健康，更在于改善我们的生命质量，增补能量延年益寿。

站桩时，要内心平和、心如止水，然后才能做到“恬淡虚无，真气从之，才能由静至定，天人合一”。

站桩时，大脑放松入静，头部神经系统得以休息，这个安静的状态不同于睡眠和一般休息，是一种内抑状态，是能量的存储和补充的状态。因此，它能安神补脑，对失眠和神经衰弱等症状有很好的恢复作用。

站桩时，双眼微闭，返观内视，可以起到固本培元、敛神聚气的功效，眼睛睁开，神就会外游。返观内视，意守某个身体内部的穴位，能量就会往那里凝聚，“意到气到”就是这个意思，做到意有所指，气有所归，减少元气的消耗就是固本培元。

气是人体内活力很强、运行不息的极精微物质，是构成人体和维持人体生命活动的基本物质之一。气运行不息，推动和调控着人体内的新陈代谢，维系着人体的生命进程。随着年龄的增长，气是不断消耗的。气消耗殆尽意味着生命的终止。

人从出生到去世，就是不断消耗元气的过程。小孩子往往元气充沛，我们称为元阳之体。小孩子不怕冷，可以从早到晚不知疲倦地玩耍；但随着年龄的增长，元气不断消耗。人到中年，开始惧冷怕寒，这就是能量不足的体现。站桩就是减少消耗和凝聚能量的不二之法。

不仅气会消耗，神也会消耗，我们经常说的耗神、耗精力就是这个意思。过度的思虑，会让人头疼、失眠，精神恍惚，不能静心，就是伤神的表现。站桩时，精神内守，神气内敛，增补了能量，改善生命质量，就如同给汽车加油一般。

第三节 站桩的注意事项

除对身法、呼吸和意念都有细致的要求外，站桩还有很多需要注意的事项，需要大家了解和掌握，不然有可能事倍功半甚至在站桩过程中受到伤害。

站桩前一定要热身，把身体的主要关节和软组织松开，然后再站桩。

早、中、晚都可以站桩，不要给自己过多的限制。

每次站桩的时间长短，因人而异，因时而异，一般从 10 分钟到 1 个小时都可以，最佳的状态是半个小时，因为人体血液循环一遍需要 28 分钟。

关于朝向，东南西北都可以，最佳的方向是东或南，面向太阳。很多人讲的“早不朝东，晚不朝西，中午不朝南，一辈子不朝北”根本不是站桩的要求，而是行军打仗对天时的应用。

室内室外都可以站桩，不一定非要在山林或者土地上。

风大不能站桩，练功讲究“避风如避箭”，因为站桩时全身的关节、软组织、毛孔都是通透的，站桩时吹风容易寒邪入体。

下雨、打雷时不能站桩。雷电交加时，室内也不能站，容易受到惊吓。

站桩最好选择环境安静优雅，空气通透清新的场地，不能有人打扰。

饭后一个小时后再站桩，空腹也尽量不站桩。

情绪不稳定（如大喜大悲、大恐大惊）时不能站桩。

女性特殊时期也不适合站桩，可以适当休息。

感冒、极度疲劳以及特别困的时候也尽量不站桩。

酒后不站桩，气散不能聚。

站桩可以听舒缓的音乐，帮助放松入静。

站桩时出现幻视、幻听、幻觉时，睁开眼睛即可，内心清明，知道自己在站桩。

站桩时出现身体晃动也是正常现象，顺其自然就好，不想晃动可以直接收功或者默念定住身形。

出现抖动也是正常现象，是肢体力量不够的表现，可以继续坚持。

手出现麻胀一般都是正常现象，是气血畅通的体现，打通了闭塞的末端经络和毛细血管。

站桩中会有气冲病灶的现象，如某个部位多年前曾经受过伤，在站桩时会有隐隐作痛、凉、麻等表现，坚持一段时间就会消失。

第四节　浑圆桩

一、调身

调身即调整身法，站桩看似简单，但对身体各个部位的处理要求很细致，不是随便站在那里就可以健身养生，形不正则气不顺，气不顺则神不宁，身法是站桩中最基础也是最重要的，调息和调心都建立在正确的身法基础之上。可以说，没有身法就没有一切。正确的身法才能做到身松、力活、气顺、神宁。调身就是把身上所有的关节松开、拔正，把关节周围的软组织松开，这与练太极拳的身法是一致的。

（1）预备式。两脚并立，自然站立，立身中正，目视前方，两臂自然松沉，两手轻贴大腿两侧。呼吸自然，面带微笑。

（2）开立。重心右移，左脚横开一步，两脚平行站立，与肩同宽（两脚外侧与肩同宽），初期可略宽于肩（两脚内侧与肩同宽），十个脚趾微微抓地（不可用力，脚趾由直变曲即可），脚心中空。

（3）双腿微屈。只要不是站直就是微屈，站军姿的状态为直为僵，膝盖处凹进去。“高站为养，低站为练。”高站养神养气，低站练形练力，一般低站的步型为马步。

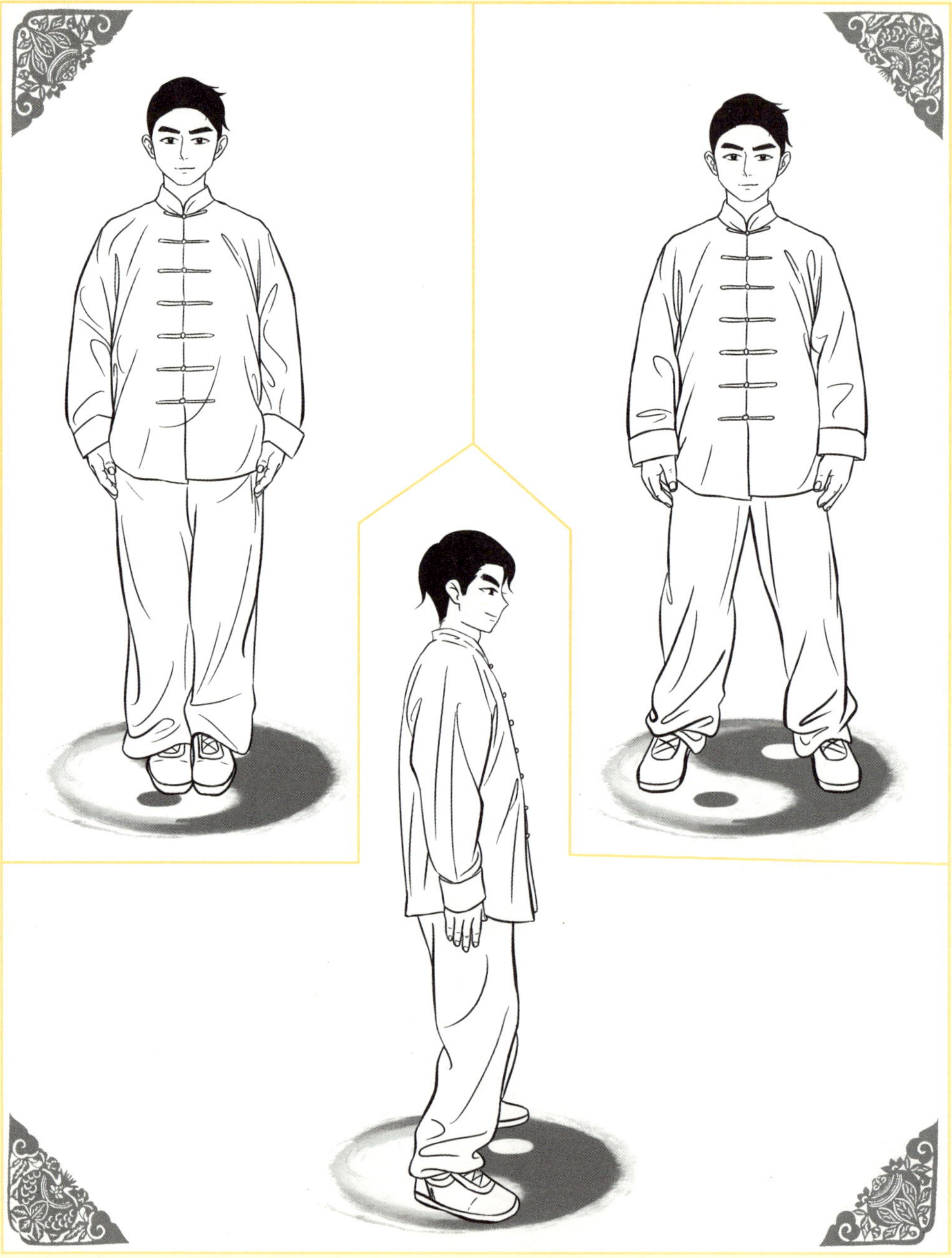

（4）圆裆开胯。双膝微微外撑形成圆裆，两膝盖对应两脚，方向一致，上下一致（膝盖垂下去就是脚背），不能破坏两脚的平行站立。我们可以意想在两膝之间夹住一个气球，感受气球的排斥感。圆裆之后，胯自然打开。圆裆是非常重要的一个身法要求，在习练太极拳时不能圆裆会造成膝关节的损伤，不仅在定式中要做到圆裆，在动态中也要做到圆裆。

（5）坐胯松腰。收腹敛臀形成坐胯（松胯），尾骨向前卷。站桩虽然是站立，但采取的是坐的状态。老话说如坐高凳，坐胯在整个身法中非常重要，胯承上启下，胯坐下后，腰和膝盖的问题都得以解决，检查是否坐下胯了，看三个变化。

①腰椎向下拔开，命门处向里凹进去的生理弧度消失，腰椎拔直。这就是习练太极拳时的松腰。松腰有两层意思，首先，要松开腰椎；其次，坐胯后左右转腰更加松活，不再受胯和大腿的牵制，有的教练讲腰胯分家就是这个道理。

②坐胯时脚的重心会向后移动，后背同时平行后移，脚重心的分布大约是前四后六，这个很关键。坐胯，重心后移，上身的重力就会从双膝转移到如弓一样的两腿上，受力的位置由两个点变成两条线，重力平均分配在两条腿上。膝盖只是线上的一个点，从而得以休息。

③重心后移后，两腿绷住劲，主要是两大腿前侧肌肉（股四头肌）用力。久站会感受到腿部肌肉酸痛胀等感觉，这个反应是正常的，说明腿部肌肉得到锻炼。只有腿部肌肉得到很好的锻炼，才能更好地保护膝关节。膝盖和小腿也在受力，只不过我们只能感受到大腿的变化，因为只有大腿肌肉组织丰富，膝盖周围只有几条韧带，小腿前侧只有皮肤和小腿骨。

（6）立身中正。上身不前不后，不左不右。立身中正是站桩和太极拳第一身法要求。

（7）含胸拔背。把挺起的胸含进去为含，如果没有挺胸，不挺胸即为含，含胸是过程，拔背是目的，也就是要把整个脊椎节节松开，从侧面看，后背是直的、平的。挺胸会气横于胸，不能气沉丹田；含胸过了，则后背会驼；过犹不及，求一个正。

（8）沉肩坠肘。两臂环抱于胸前，五指微微分开，直而不僵，沉肩、坠肘、吊腕；两手虎口相对，两手掌心对应云门穴，两手距离一拳至两拳，两臂如抱一个不断充满气的气球，感受手往前去、身往后撑的状态，以及两臂左右对撑的感觉，腋下要空。吊腕，就是感觉手腕处被两根绳子向上吊起来；坠肘，肘关节斜向下坠，不能垂直下坠；沉肩，肩不耸即为沉，两臂环抱向前，把肩关节拉开。

（9）虚领顶劲。下颚收，眼平视形成虚领顶劲，也叫顶头悬，百会穴微微上顶，也可以理解为百会穴被吊起来了，不管是顶还是悬，都是向上之意。一是精神提起；二是虚领顶劲的过程会让颈椎上拔，这样虚领顶劲和坐胯形成一个对撑的力，作用在脊椎之上，使脊椎节节松开，起到松脊椎、通督脉、升阳气的作用。“脊椎正则百病不生”就是这个道理。

（10）通过这些调整，身体所有的关节通过上下对撑、前后对撑以及左右对撑全都松开，周围的软组织也对拉拔长。

（11）双眼微闭，舌抵上腭。闭目以养神，舌尖轻轻抵在上腭处；舌抵上腭有三大好处：第一，搭鹊桥，联通任督二脉；第二，使大脑更容易放松入静；第三，上腭处有一穴位，名金池穴，舌尖抵在这里会使口内生津，中医讲这个为“金精玉液”，生津之后要徐徐咽下，可以调理脾胃。

二、调息

呼吸在整个站桩过程中也非常重要，古人称健身气功为吐纳引导术，吐故纳新进行能量的交换，同时在练功时经常把呼吸和意念结合起来。

呼吸有多种，如腹式呼吸、胸式呼吸。腹式呼吸又分顺腹式呼吸、逆腹式呼吸、体呼吸、胎息等。正常的呼吸是胸式呼吸，即呼吸时胸口会微微起伏。其他呼吸有个共性，全都是深呼吸，经常在各种功法的训练中应用。站桩经常采用的呼吸就是腹式呼吸，可以根据每个人的呼吸习惯选择顺腹式呼吸还是逆腹式呼吸；虽然腹式呼吸可以根据习惯选择，但是从自然呼吸到腹式呼吸的改变是需要过程的，下面就呼吸训练和大家分享一下方法和注意事项。

腹式呼吸：顾名思义呼吸时小腹会起伏。

顺腹式呼吸：吸气时，小腹会微微隆起；呼气时，小腹会自然回落，不用刻意处理。

逆腹式呼吸：吸气时，小腹内收，肚脐眼向后找命门，不要向上提，呼气时自然恢复，不用刻意去处理，也就是说不管顺逆，只注意吸气就好；另外，逆腹式呼吸也称“拳式呼吸”，在太极拳的练习中自然形成，呼吸会主动配合太极拳的动作。

初练站桩呼吸可以先顺其自然，不用马上采用腹式呼吸，先调对身法，练出腿功，才能站得住，然后再逐渐调整呼吸。

腹式呼吸的训练有四个要求：细、匀、慢、长。细，为细微，呼吸时以听不到自己的呼吸声音为度；匀，为均匀、匀速，不能忽快忽慢，忽长忽短；慢，缓慢，呼吸都要放慢；长，即深长的意思，把单次呼吸的时间放长，保证细匀慢长的状态。此外，还有一个原则，吸八分吐六分，既不能吸满，也不能吐干净。

腹式呼吸的训练，可以在站桩时，也可以在其他任何时候，如工作、学习、看电视、睡觉等。

在站桩中调整呼吸，可以加上提肛，吸气时微微上提，不要用力，呼气自然放松，常练可以起到固本培元，增补肾气的作用。

三、调心

调心即调整意念，是降服心魔，使大脑放松、内心平和平静的过程和手段。当身体静下来时，各种杂念就会接踵而来，内心无法安静。“大道教人先止念，念头不住亦枉然”说的就是首先要调摄心性。如何放松、放空自己，使自己的内心安定下来，我们一般采用以一念带万念的方法。

数息法：一呼一吸为一息，数自己的呼吸，帮助我们摒弃杂念，放空大脑。可以边练腹式呼吸，边数息。这个道理和数羊助眠是一样的，让一个念头取代所有杂念。

意守法：丹田原为道教内丹派修炼精气神的术语。站桩时将意念集中并保持在丹田部位的练功方法，是众多意守方法中的一种。

大脑放松、
内心平和平静。

人身虽有三丹田、五丹田之说，但实际练功时，除特殊情况外，一般所说的意守丹田，都是指意守下丹田。实际练功时，人们是无法将意念仅仅守在一个穴位上，只能意守以穴位为中心的一个范围内。这里的丹田是指小腹。

关注君合太极公众号，学习更多站桩知识。

第三章　太极拳基本功

套路都是由基本动作组成的，练好基本功不仅能保护好自己的身体，更能事半功倍。基本功和太极拳单式训练一样，方法简单，功效却很大，不同的训练，可以有效提升柔韧、力量、速度、协调、反应等训练功效。

第一节　压腿

压腿主要是拉长腿部的肌肉和韧带、加大髋关节的活动范围。压腿的方法有正压腿、侧压腿和后压腿。

一、正压腿

面对肋木或者一定高度的物体，并步站立。左腿提起，脚跟放在肋木上，脚尖勾起，踝关节屈紧，两手扶按膝盖之上。右脚脚尖向前，与胸腹方向一致。两腿伸直，立腰，收髋，上体向前、向下做振压动作。左右腿交替练习。

二、侧压腿

侧对肋木或一定高度的物体，右腿支撑，脚尖外撇，与胸腹方向一致。左腿抬起，脚跟放在肋木上，脚尖勾起，踝关节紧屈。右臂屈肘上举，左掌附于右胸前。两腿伸直，立腰，开髋，上身向左侧振压。左右腿交替训练。

三、后压腿

背对肋木或一定高度的物体，并步站立，两手叉腰或扶住其他物体，右腿支撑，左腿抬起，脚背搁在肋木上，脚面绷直，上身后屈，做振压动作。左右腿交替训练。

第二节 踢腿

踢腿是腿部练习中的重要内容。"三分压七分踢。" "练拳不遛腿，到老冒失鬼。" 踢腿可以训练腿部的柔韧、灵敏和力量。踢腿主要有正踢腿、侧踢腿、外摆腿、里合腿等。

一、正踢腿

两脚并立，两手立掌撑在身体两侧，左脚上前半步，左腿支撑，右脚脚尖勾起向前踢起，两眼向前平视。左右腿交替练习。练习时可以不追求高度，顺其自然，支撑脚脚跟不能离开地面；上身不能前倾，保持中正。

二、侧踢腿

两脚开立，两臂立掌撑在身体两侧，右脚向左侧插步，脚尖外展，然后左脚向身体左侧踢起，同时右臂屈肘上举亮掌，左臂屈肘立掌于右肩前，身体保持中正，目视前方。左右腿交替训练。

三、外摆腿

两脚并立，两手立掌撑在身体两侧，右脚向前半步，左脚向前踢起，然后向左侧摆出，落在右腿旁。目视前方，摆腿时可以踢响手，也可以不做击响。左右腿交替练习。

四、里合腿

两脚并立，两手立掌撑在身体两侧，右脚向前半步，左脚向左上方踢起，然后向右前方摆动，最后落于右脚内侧，右掌可以在右侧上方左迎击拍脚，目视前方。与外摆腿正好相反，摆动幅度要呈扇形。左右腿交替练习。

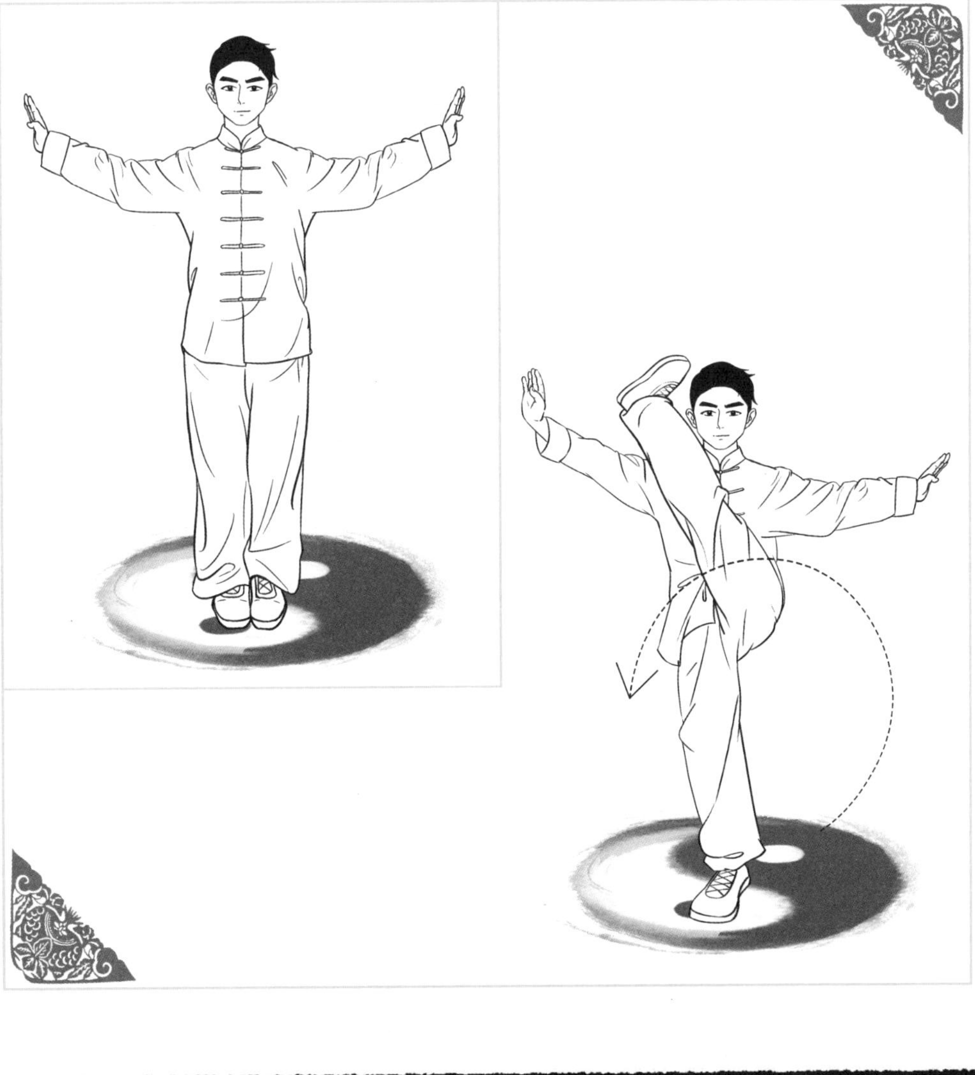

第三节　升降桩

升降桩主要是为了增强腿部肌肉力量，放松膝、髋关节，训练时不会造成损伤，同时升发阳气，强腰固肾。

两脚开立，略宽于肩，脚尖微微外摆，吸气时两臂向前抬起，掌心向上，与肩同高同宽；呼气时，屈腿蹲坐，两掌按于腹前；吸气时两掌反掌向上托起。如此反复训练，配合呼吸，慢蹲慢起，10 次为一组。升降高度可以因人而异。

第四节　涮腰

涮腰是为了放松腰部，疏通带脉。

腰是贯通上下肢体的枢纽，太极拳讲究以腰为主宰。“练拳不练腰，终究艺不高。”腰是练好太极拳的关键。

两脚开立，略宽于肩，两手握成空拳，拳眼相对，置于腹前。上身微微前倾，随即以腰、腹为轴，上身向左、向后、向右、向前做 360° 旋转，然后再向右、向后、向左、向前，反向运动。

一左一右对称习练，防止训练中出现眩晕、站立不稳的现象。另外，向后的时候，眼睛一定要睁开，不能闭眼，闭眼也会造成因失去平衡而站立不稳。

第五节　松脊椎

脊椎是身体的大梁，脊椎正则百病不生，松脊椎可以通督脉，升阳气，提振精神。松脊椎也称为开龙脊。这里给大家推荐两个小功法。

一、脊椎涌动

两脚开立，与肩同宽，两臂自然松沉。双腿微屈身体前倾，后背弓起，低头，两臂由两侧向腹前搂抱，随即起身，以此向前送髋，挺腹、挺胸、抬头，两手由小腹两侧向后画弧。反复训练，身体由膝、髋、腰、背、颈椎节节涌动。

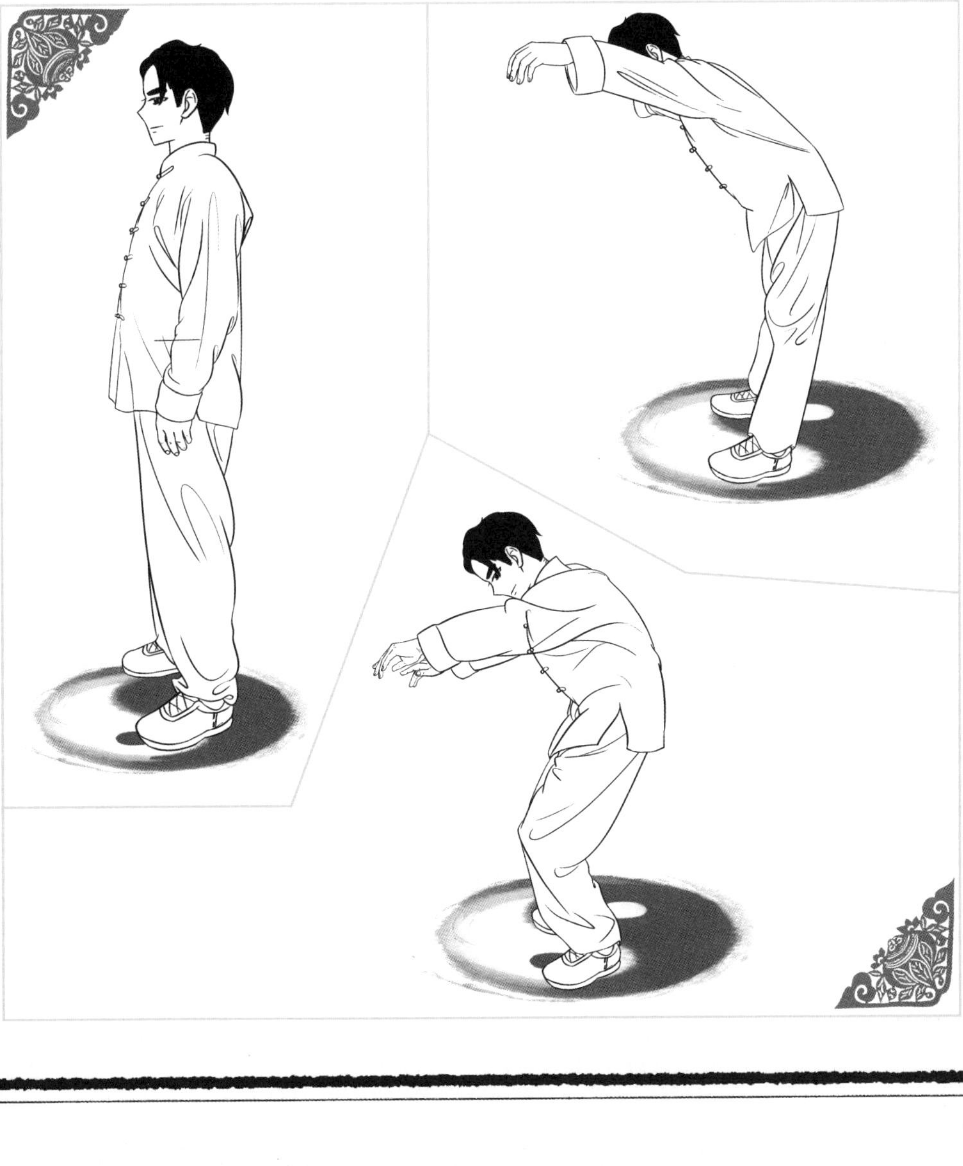

二、鹿奔

两脚开立与肩同宽，两臂自然松沉。左脚向前迈步，脚跟着地，同时两手握空心拳，提至双肩，重心前移，形成左弓步，将两拳抛出，与肩同高同宽，随即双手中指和无名指曲卷，掌背相贴。重心后移，低头弯腰、弓背。眼睛看右脚，两手向前伸，后背向后弓，形成前后对撑。

坚持3～5秒后，重心前移，慢慢抬头挺胸，两手慢慢落下。再换右脚上步，两手空拳上提，一左一右，反复练习。动作相同，一左一右为一组，每次做3～6组即可。

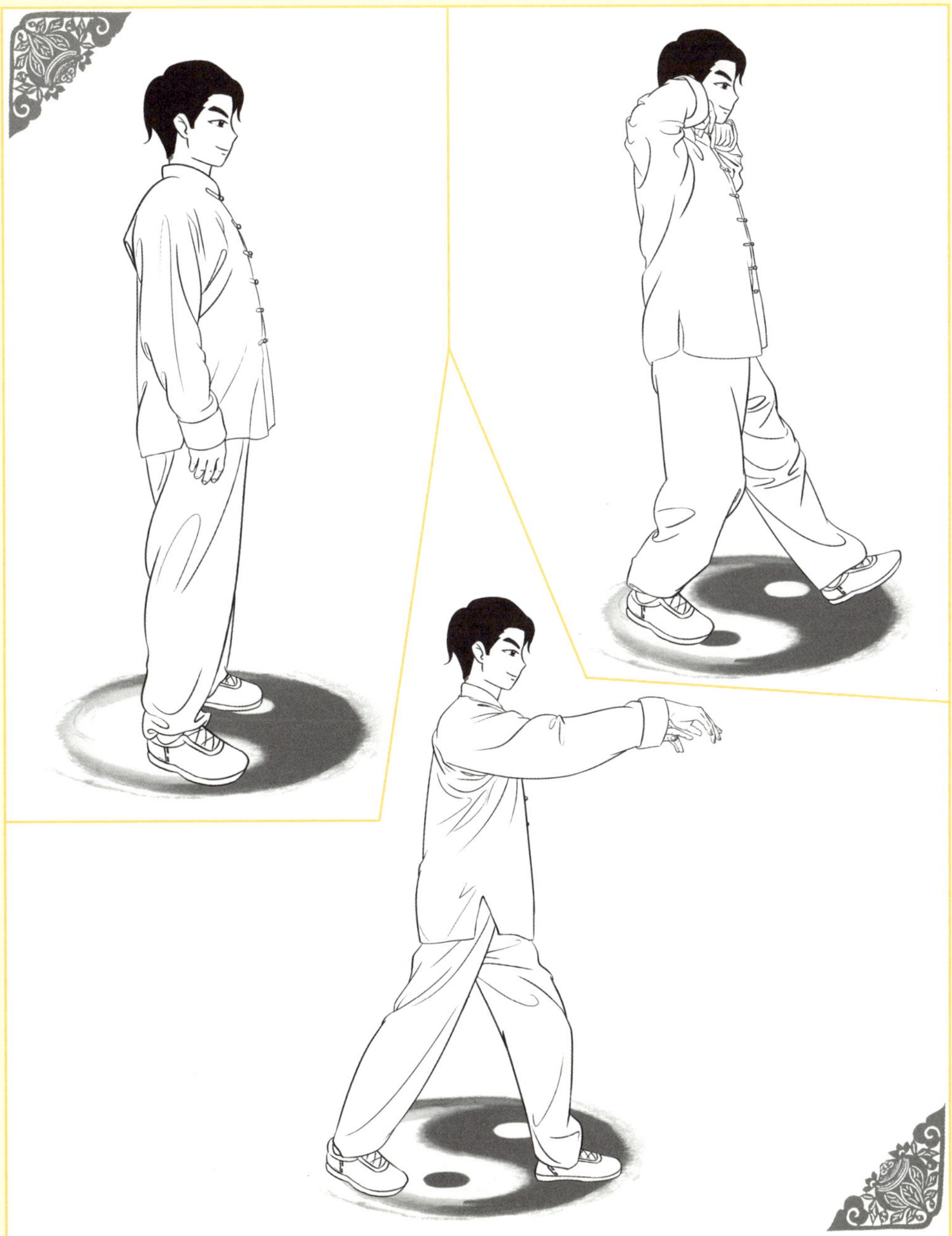

第六节　缠丝功

缠丝功锻炼肩颈，是协调周身的全手臂运动。

两脚开立，与肩同宽，左脚上步，形成左弓步，屈双臂两掌向上收至两肋，向前穿出双掌。与肩同高，保持沉肩坠肘；随即重心后移，腰向右转，两臂向两侧画弧展开，同时手臂由拇指方向向小指方向翻转 360°，两臂开于两侧时，两手掌心要向上。继续向后画弧，两掌合在身后，到身后时两臂尽量抬高，此时重心移至右腿，随即屈双臂收两掌至两肋掌心向上，重心左移，腰向左转，回到起始动作。反复练习，注意移重心、转腰、旋臂要同时进行。

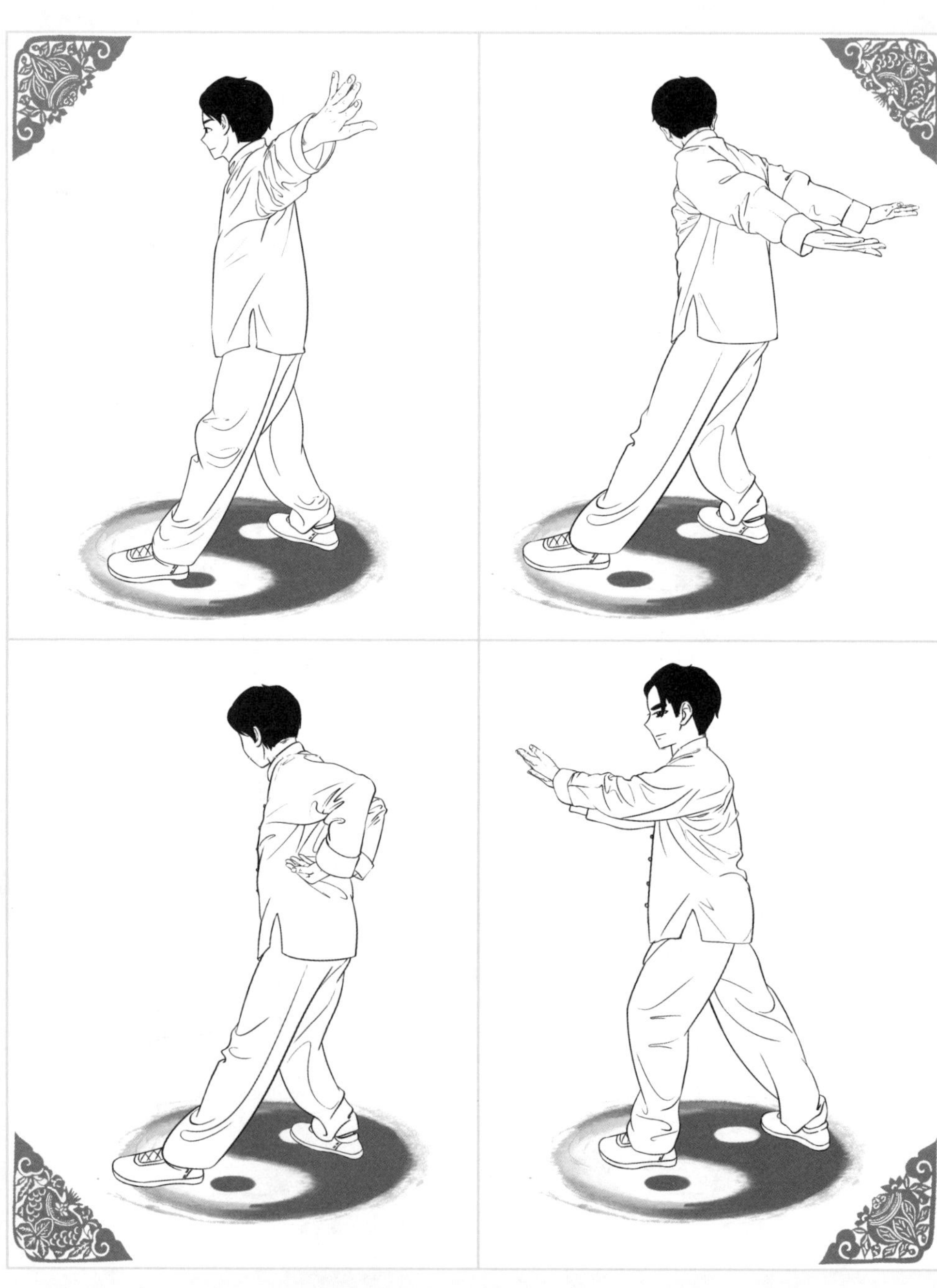

换脚，右脚在前，形成右弓步。两手穿于身前，掌心向上；屈双臂，将手收于两肋掌心向上，然后折腕，将两手向后穿出，同时重心左移，腰向左转，两掌后穿尽量抬高手臂。随即右转腰，重心右移，双臂由后侧向身体两侧画弧展开，过程中两手小指向拇指方向翻转 360° ，开于两侧时，掌心向上，最后合于身前，回到起始动作。反复训练。

一个前穿掌，一个后穿掌，各做 30 次。

第七节　摇臂

一、同向摇臂

两脚前后开立，两臂放松，同时由后向前画立圆抡动，然后两手由前向后画立圆抡动。反复练习，前后各抡动 20 次起步。

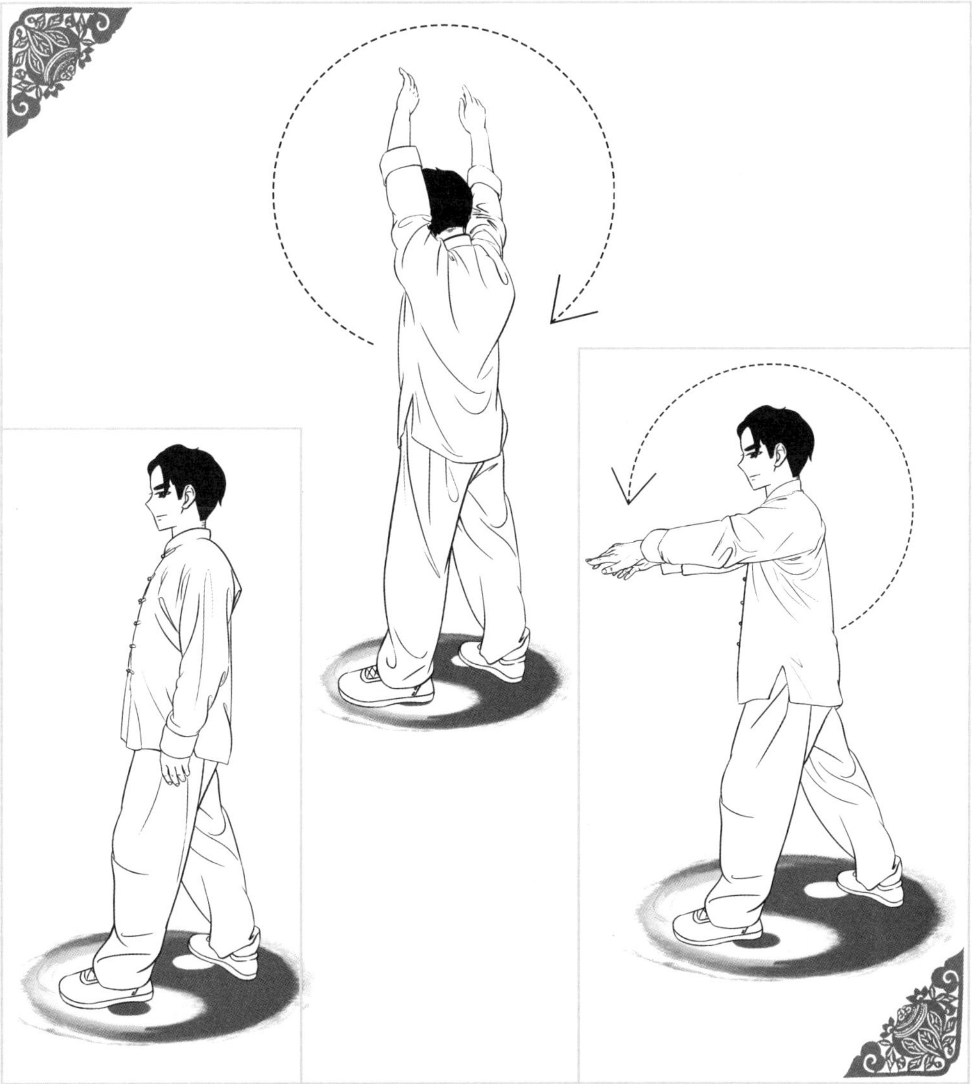

二、逆向摇臂

两脚前后开立，重心微微向后，两臂一前一后，在身体两侧各画一个立圆，一个顺时针，一个逆时针，反复练习。

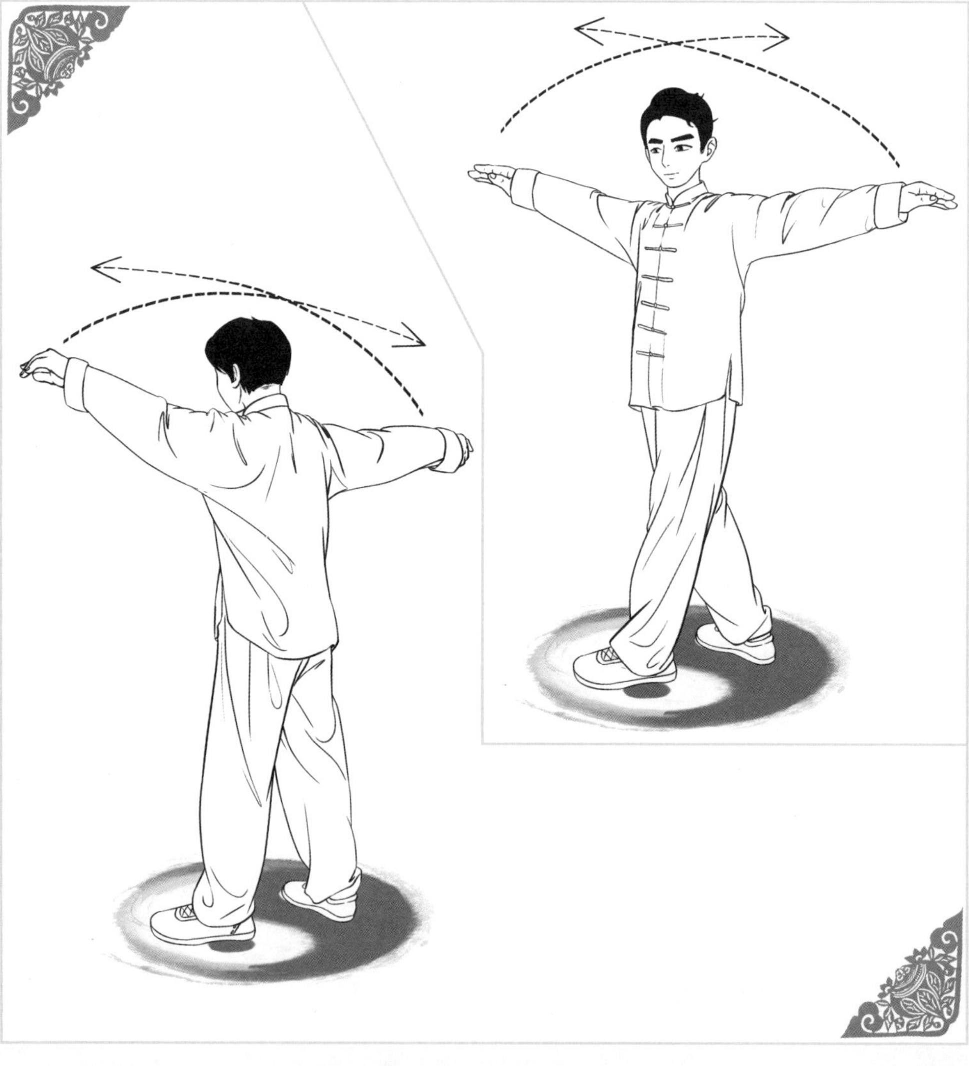

第八节　百把桩

百把桩协调周身，锻炼发力，增强功力，强腰固肾；锻炼握力，改善末端气血循环。百把桩陈式太极拳特有的发力训练功法。

两脚开立，成马步。屈右臂，右手握拳收于腰间，手心向上。左手探出，立掌前推。微微右转腰，重心微右移，左手用力屈指握拳。然后左转腰，重心微微左移，右手由拳变掌，向前螺旋推出，坐腕立掌，力达掌根，五指放松，沉肩坠肘；同时左手收于左腰间，手心向上。

微微左转腰，重心微左移，右手用力屈指握拳，右转腰，左手由拳变掌，螺旋向前推手，力达掌根，五指放松。同时右手收至腰间。如此反复训练。

注意事项：推掌发力时，身体不能起伏；握拳手用力，推掌时手要放松，靠腰的转动将手臂送出。

视频：松身基本功

第四章　太极拳单式训练

单式训练既是太极拳爱好者初学进门的必备手段，又是提高技艺的最佳方法。入门时，通过反复进行单式练习和仔细揣摩，掌握招式的要求、变化中的细节和身形与意气的配合。不管是学院派还是民间派，对单式的训练都极为重视。在传统的教学中，单式的训练称为单操，教者和学者极为重视。一式达不到要求，教练是不会教下一式的，每式都需要仔细揣摩，才能由量变到质变。“不怕千招会，就怕一招鲜；拳打千遍，其理自现”就是这个意思。一招练到极致，就是功夫。更何况，一通百通，可以举一反三，单式的训练可以更好地提高我们对整个套路的理解。磨刀不误砍柴工。通过单式的训练，让大家掌握太极拳的身法、运动规律、规矩及劲法运用，可以快速提高太极拳技术水平，事半功倍。我们可以进行选择性学习，针对自己的身体练习，以达到修身养性、强身健体的运动康复功效。

在现今社会这种快节奏，以及生活和工作的各种压力下，我们很多人都无暇去学习和练习，认为太极拳很神秘，认为太极拳是老年人的专利，殊不知，中青年人更需要锻炼，更需要习练太极拳。太极拳也并不神秘，只要掌握方法，太极拳也是很简单的。单式训练的好处，不仅在于容易掌握，可以快速提高太极拳的技艺水平，改善周身气血，增强体质；还在于可以对我们身体的各种情况进行针对性的训练，改善各个部位的问题，如颈椎病、肩周炎、腰肌劳损、腰椎间盘突出、膝关节疼痛等骨关节性的问题，以及失眠，脾胃、心肺等神经系统，呼吸系统，消化系统等各种身体问题。单式训练，不需要特定的时间和场地，针对性强，是最佳的运动康复、养生保健手段。

一、练法

（1）预备式，两脚并拢，身体自然站立，肩臂松垂，两手自然展开，指尖轻触大腿两侧；头顶端正，下颌内收，舒胸展背，立身中正；呼吸自然，眼平视前方。

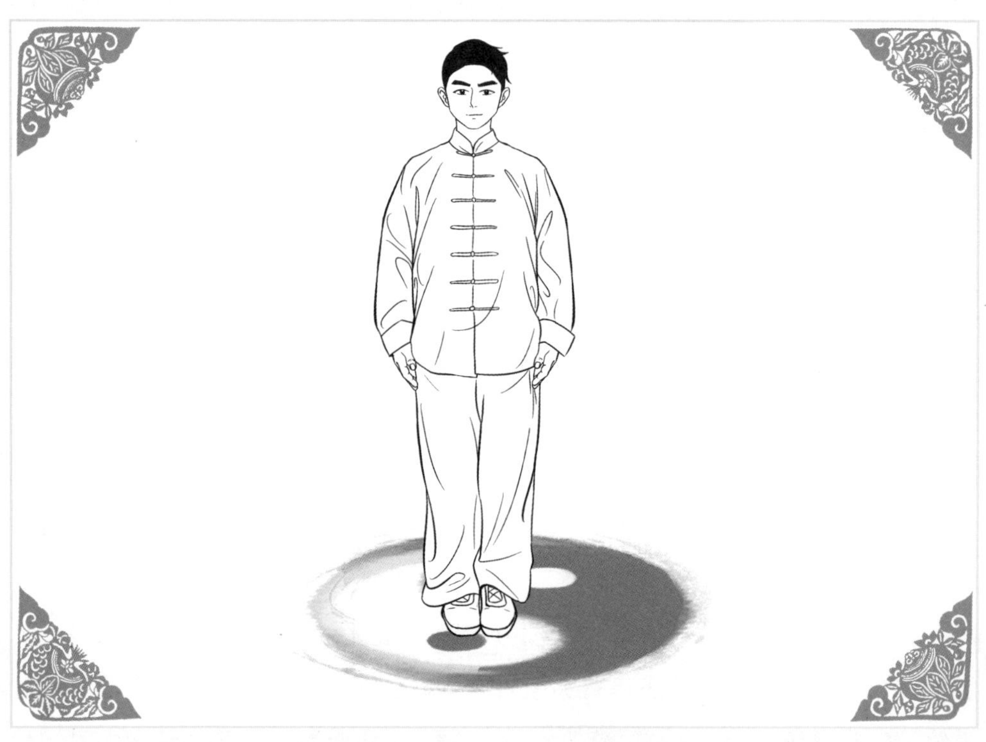

（2）重心右移，左脚横开一步，两脚平行站立，略宽于肩，保持自然站立，中正安舒；两臂向前掤起，沉肩坠肘松腕，手心向下，两腕与肩同高，与肩同宽。随即两腿微屈，坐胯右转腰，右手随之翻转手心向上，右掌向下、向右经腰侧画弧至右侧偏后，腕与肩平，目视右手。左臂微微前伸，保持手心向下。

（3）右臂屈肘，右掌收至右耳侧，掌心斜向前，左臂翻转，掌心向上，目视左手；左转腰，右手向前经左掌上方推出，腕与肩同高，左手微微下沉，经右手下侧向下、后左画弧至左侧偏后，腕与肩平，目视左手。

（4）左臂屈肘，左手收至左耳侧，掌心斜向前，右手翻转，掌心向上，目视右手；右转腰，右手随之翻转手心向上，右掌向下、向右经腰侧画弧至右侧偏后，腕与肩平，目视右手。左臂微微前伸，保持手心向下。回到原来的状态。

（5）收势，右臂屈肘，右掌收至右耳侧，掌心斜向前，左手不动，左转腰，将右臂向前推至身前，与肩同高，与左臂平行，掌心向下。身体慢慢站起，两手下落至大腿两侧。重心右移，将左脚收回，两脚保持预备式状态。

二、注意事项

（1）随转腰向下、向右或向右的手臂在上举过程中要旋膀虚腋，手掌如同托物似的缓缓举起，不要屈肘，手臂保持大弧形，不要夹腋。

（2）用腰带动两臂的运动，动作缓慢柔和匀速；屈右臂时，左手反掌向上，

屈左臂时，右手反掌向上，两掌心保持相对。

（3）单式训练，需要一定的训练量，两臂曲卷各 30 次以上，或者练到身体微微发热为止。

（4）整个运动过程中，始终保持屈膝坐胯的状态，身形不能有明显起伏。

三、养生作用

（1）反复旋膀转臂，转头看手，能有效锻炼肩颈，可以调理和改善肩周炎和颈椎病，坐胯转腰，可以锻炼腰部，对腰肌劳损等症状有很好的调理作用；两手放松翻转，可以促进两手气血循环，改善手部冷、麻、木等症状。

（2）颈椎的锻炼，可以改善头部供血不足造成的头部眩晕。

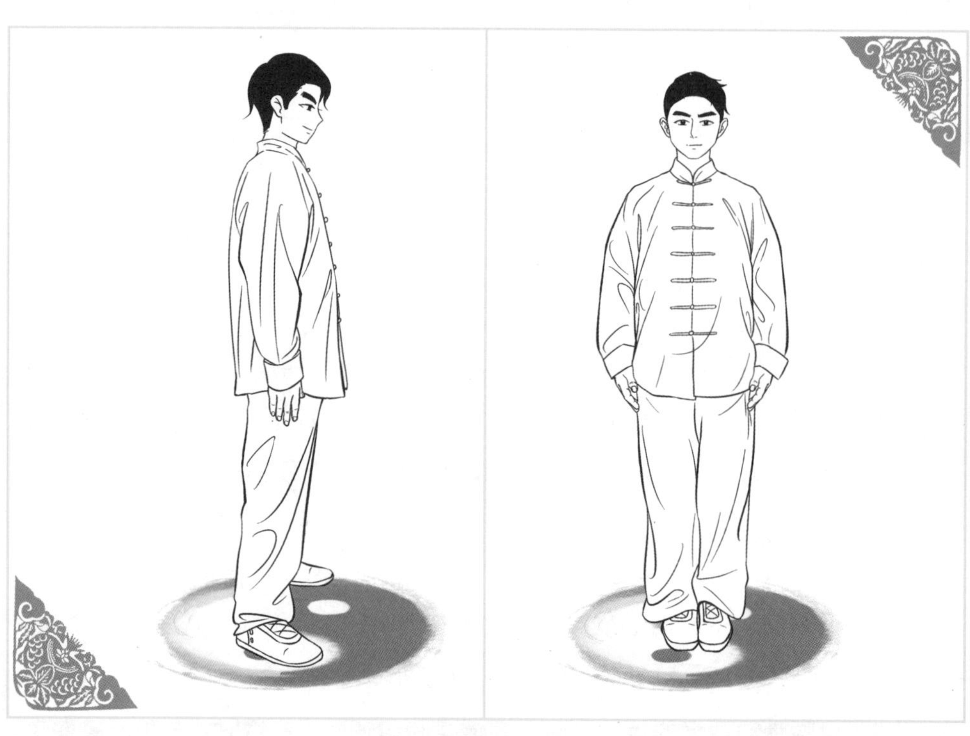

一、练法

（1）预备式，两脚并拢，身体自然站立，肩臂松垂，两手自然展开，指尖轻触大腿两侧；头顶端正，下颌内收，舒胸展背，立身中正；呼吸自然，眼平视前方。

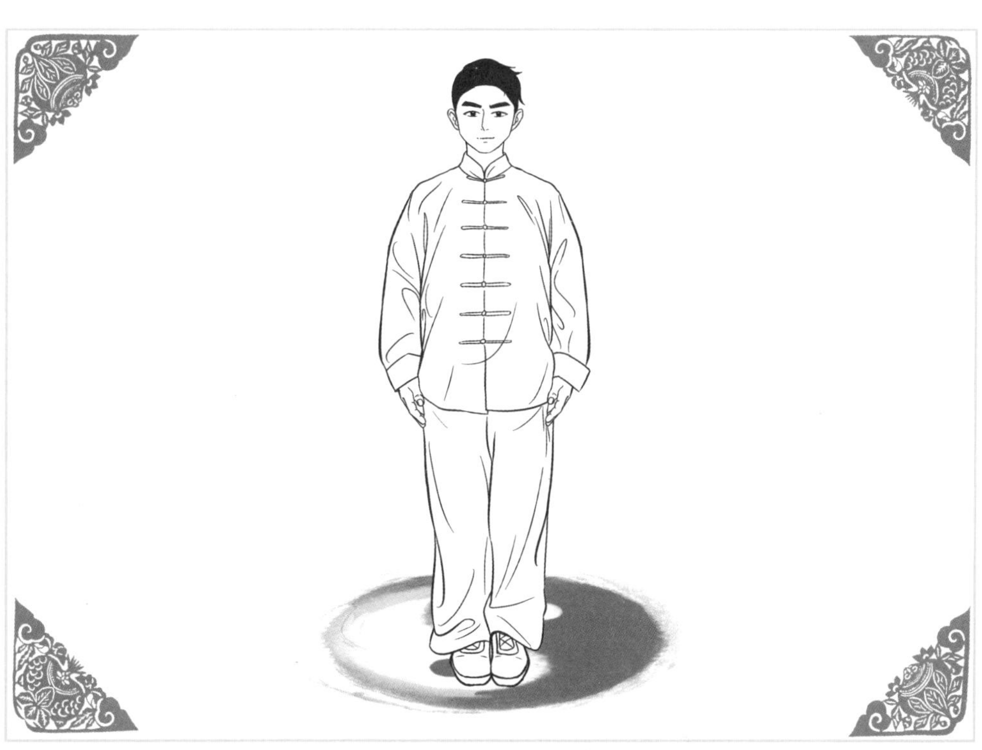

（2）重心右移，左脚横开一步，两脚平行站立，略宽于肩，保持自然站立，中正安舒；两臂向前掤起，沉肩坠肘松腕，手心向下，两腕与肩同高，与肩同宽。随即两腿微屈坐胯，两手按于腹前。

（3）左转腰，左手上右手下，随腰向左弧形运动，同时两手翻转，掌心向

里，左手腕与肩同高，右手腕与肚脐同高，至左前方，左手翻掌向下，右手上抬至手腕与肩同高，右转腰，两臂右上左下，掌心向里，随腰向右弧形运动，转至右前方，右手翻掌向下，右手抬至手腕与肩同高，左转腰，两臂随腰左上右下弧形运动。一左一右反复训练。

二、注意事项

（1）转腰不用移动重心，两腿保持膝盖和脚尖方向一致。

（2）两臂转动完全由腰带动，腰不动手臂不动。

（3）两臂保持大弧形，体会手往前去、身向后撑的状态。

（4）腋下要空，不能夹住。

三、养生作用

（1）锻炼颈椎，可以改善头部供血不足造成的头部眩晕。

（2）可以通过左右转动调理脊椎、腰椎问题，改善和缓解后背肌肉疼痛的症状。

第三节　野马分鬃

一、练法

（1）预备式，两脚并拢，身体自然站立，肩臂松垂，两手自然展开，指尖轻触大腿两侧；头顶端正，下颌内收，舒胸展背，立身中正；呼吸自然，眼平视前方。

（2）重心移至右腿，左脚向前收至右脚内前侧，脚尖点地，两腿屈膝；两掌分别上下弧形运转于体前（偏右）成抱球状，右掌与胸同高，掌心向下，左掌至腹前，掌心向上，两掌心相对。

（3）上体微左转，左脚向左迈出，脚跟先着地，随后重心前移成左弓步；左右两掌随弓步转体分别向左上和右下弧形分开，左臂举于左侧前，左掌腕高与肩平，掌心斜向上，右掌按于右胯旁，掌心向下，虎口向前；眼视左掌。此为左野马分鬃定式。

（4）右腿屈膝，右脚跟微内收；左脚尖内扣同时身体向右转正，左掌落于左腹前，右臂屈肘掌横于左胸前，掌心向下，指尖向左；然后顺时针转动，左掌至左胸前，掌心向下，右掌落至左腹前，掌心向上，两手心相对抱球，眼看左手方向。

（5）上体微右转，右脚向右迈出成右弓步；左右两掌随弓步转体分别向右上和左下弧形分开，右臂举于右侧前，右腕高与肩平，掌心斜向上，左掌按于左胯旁，掌心向下，虎口向前；眼视右掌。此为右野马分鬃定式。

左右野马分鬃动作相同，方向相反。

二、注意事项

（1）圆裆即膝盖脚尖保持一致，保障膝盖不受损伤。

（2）出脚两条线，两脚要有横向距离，不能踩在一条线上，否则会站立不稳。

三、养生作用

野马分鬃动作简单，可以训练深呼吸，动作可以和呼吸完美结合，增强肺活量，改善心肺功能。

第四节　金鸡独立

一、练法

（1）预备式，两脚并拢，身体自然站立，肩臂松垂，两手自然展开，指尖轻触大腿两侧；头顶端正，下颌内收，舒胸展背，立身中正；呼吸自然，眼平视前方。

（2）左脚横开一步，重心左移，腰微微左转，右手虎口向上领起，同时提起右膝，肘膝上下相对，小腿自然下垂，右腕与肩同高时，立掌微微前按，左手坐腕下按，保持沉肩坠肘的状态。

（3）左腿微屈，右脚落地，右手下落按于右胯外侧，左手虎口向上领起，带起左膝，左腕与肩同高时，立掌微微前按，目视正前方。

（4）反复练习，最后收于预备式。

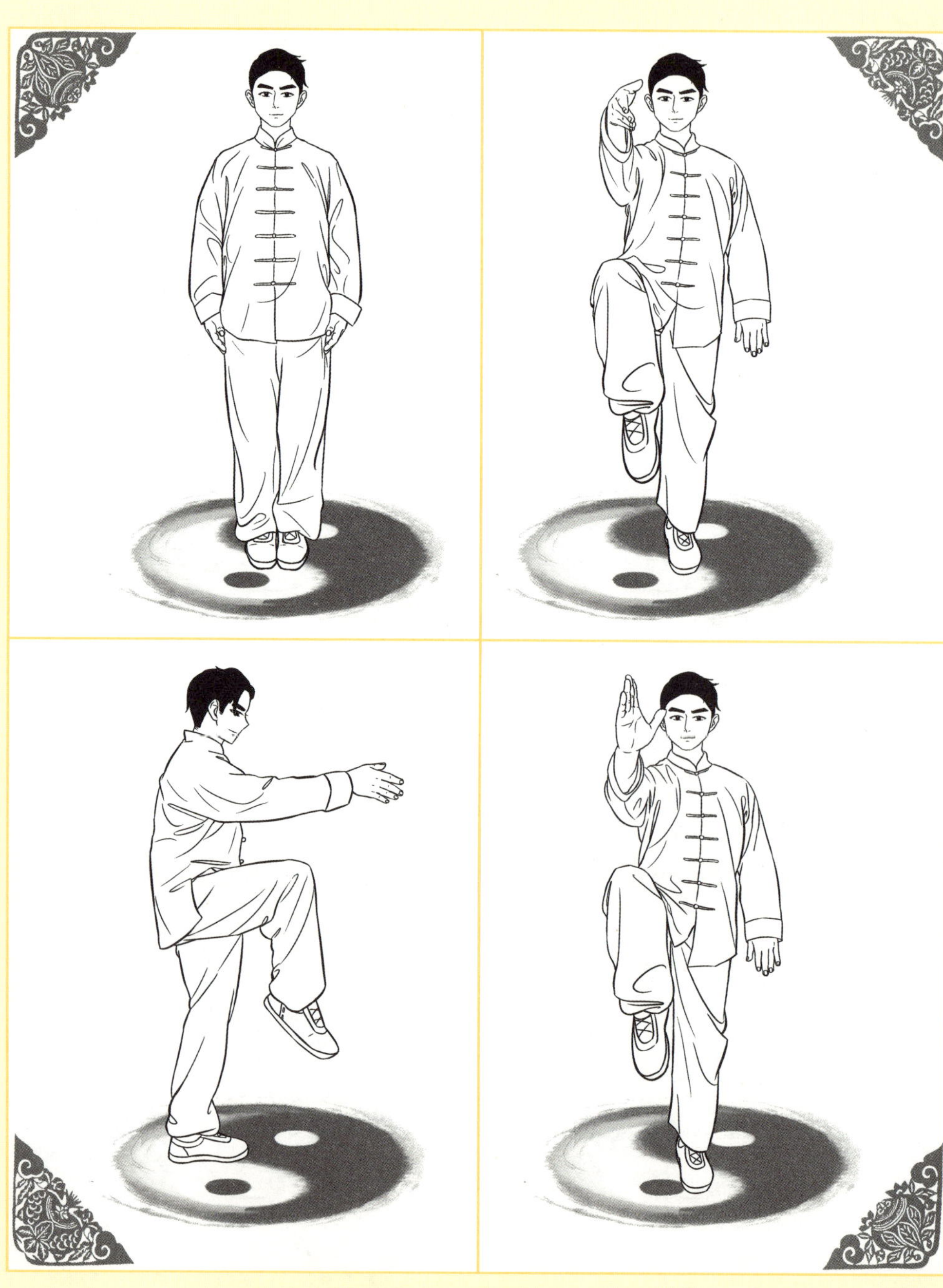

二、注意事项

（1）站立时，腿要保持微屈的状态，坐胯。

（2）下面的手臂不能向后，保持两臂俱在身前的状态。

三、养生作用

（1）可以锻炼平衡能力，预防老年人摔倒。

（2）降低血压，因为独立时，为了稳固，我们的注意力会集中在脚下，这样可以有效地降低血压，改善高血压问题。

（3）经常练习可以预防阿尔茨海默病。

第五节　掩手肱捶

一、练法

（1）预备式，两脚并拢，身体自然站立，肩臂松垂，两手自然展开，指尖轻触大腿两侧；头顶端正，下颌内收，舒胸展背，立身中正；呼吸自然，眼平视前方。

（2）左脚横开一步，重心移至右腿，提膝抬左脚于右脚踝内侧；同时两手掤起均内旋，手心向下，右手握拳左手为掌，左掌在上，两腕相搭成十字手于胸前。

（3）左脚向左擦出成马步，重心移至中间；同时，两手向下按落至小腹前。重心微微左移，腰向左转；同时，两臂内旋向侧前上分举，两臂微屈，两腕与肩平，左掌右拳。

（4）重心微右移，腰向右转，成偏右马步，两手外旋变手心向上，屈右臂蓄至腰间，左手微微外撑，与右手成前后对撑之势，眼看左手方向。

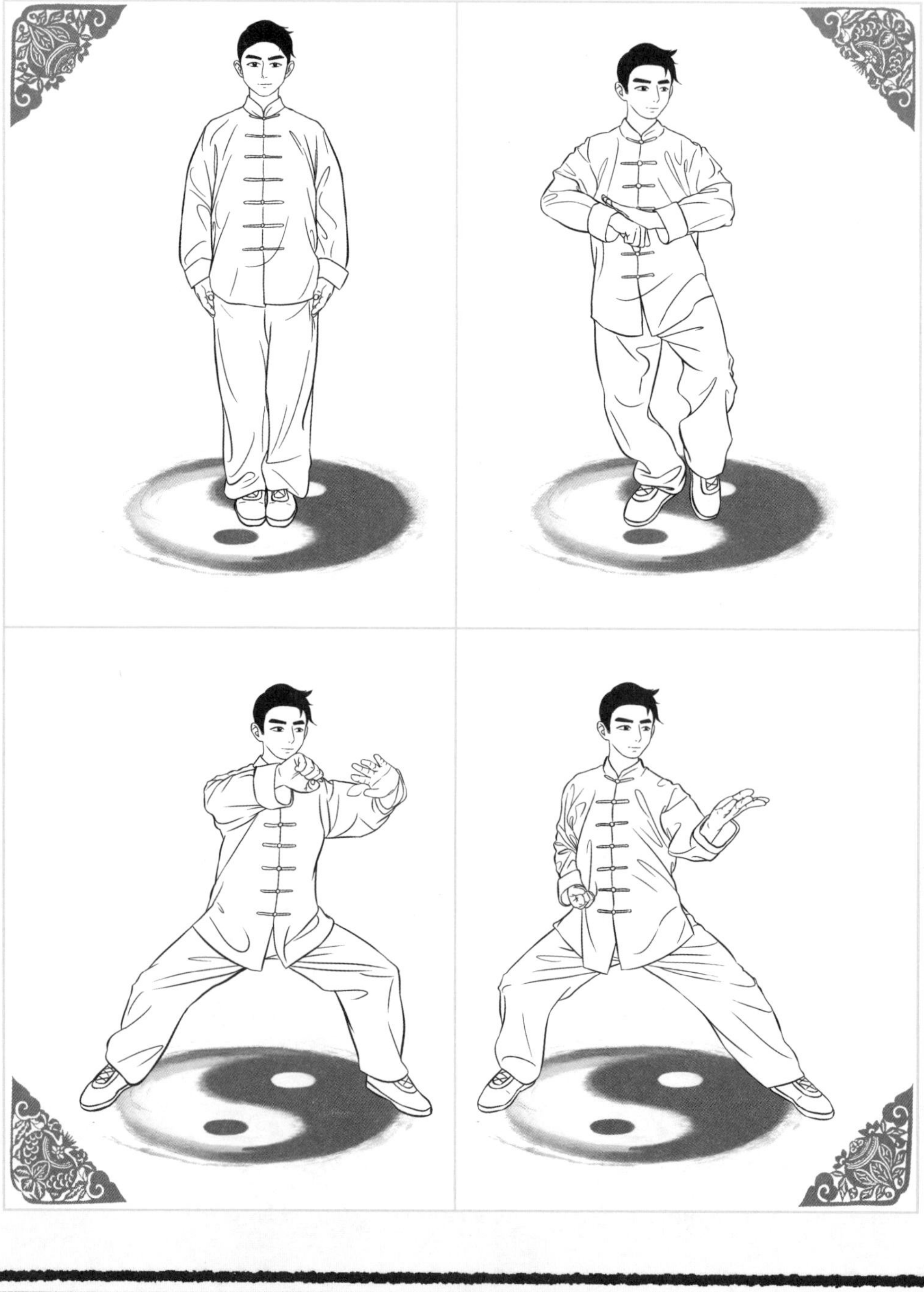

（5）重心左移，腰向左转，成偏左马步，右手螺旋向前打出，手心向下，保持沉肩坠肘，左手握拳外旋，屈肘收于腰间，眼看右手方向。

（6）重心不变，右转腰，右手变掌，左臂掤起内旋，右手在上，两手腕搭成十字手于胸前；提右膝收右脚于左脚踝处，随即擦出右脚，成马步。两手按于腹前。

（7）最后收回左脚，恢复成预备式。

（8）右动与左动同，唯方向相反，左右连续练习。

二、注意事项

（1）冲拳时，身体不能起伏，否则力量容易向上冲击头部。

（2）握拳不能握死，要握空心拳，肌肉不能紧张。

（3）发力时，步法仍然是马步，只是偏左还是偏右的问题，不能变成弓步。

三、养生作用

（1）强腰固肾，升发阳气，改善末端气血循环。

（2）平衡左右两臂训练，锻炼手臂，增强力气。

（3）动作配合呼吸可以吐故纳新，增强心肺功能。

第六节　揽雀尾

一、练法

（1）预备式，两脚并拢，身体自然站立，肩臂松垂，两手自然展开，指尖轻触大腿两侧；头顶端正，下颌内收，舒胸展背，立身中正；呼吸自然，眼平视前方。

（2）重心移至右腿，左脚向前收至右脚内前侧，脚尖点地，两腿屈膝；两掌分别上下弧形运转于体前（偏右）成抱球状，右掌与胸同高，掌心向下，左掌至腹前，掌心向上，两掌心相对。

（3）左脚向左上步，脚跟落地。接着左脚踏实，重心移向左腿并屈膝成左弓步，左掌臂掤至胸前上方，右掌随之向右下按于右胯旁，虎口向前，眼看左掌方向。

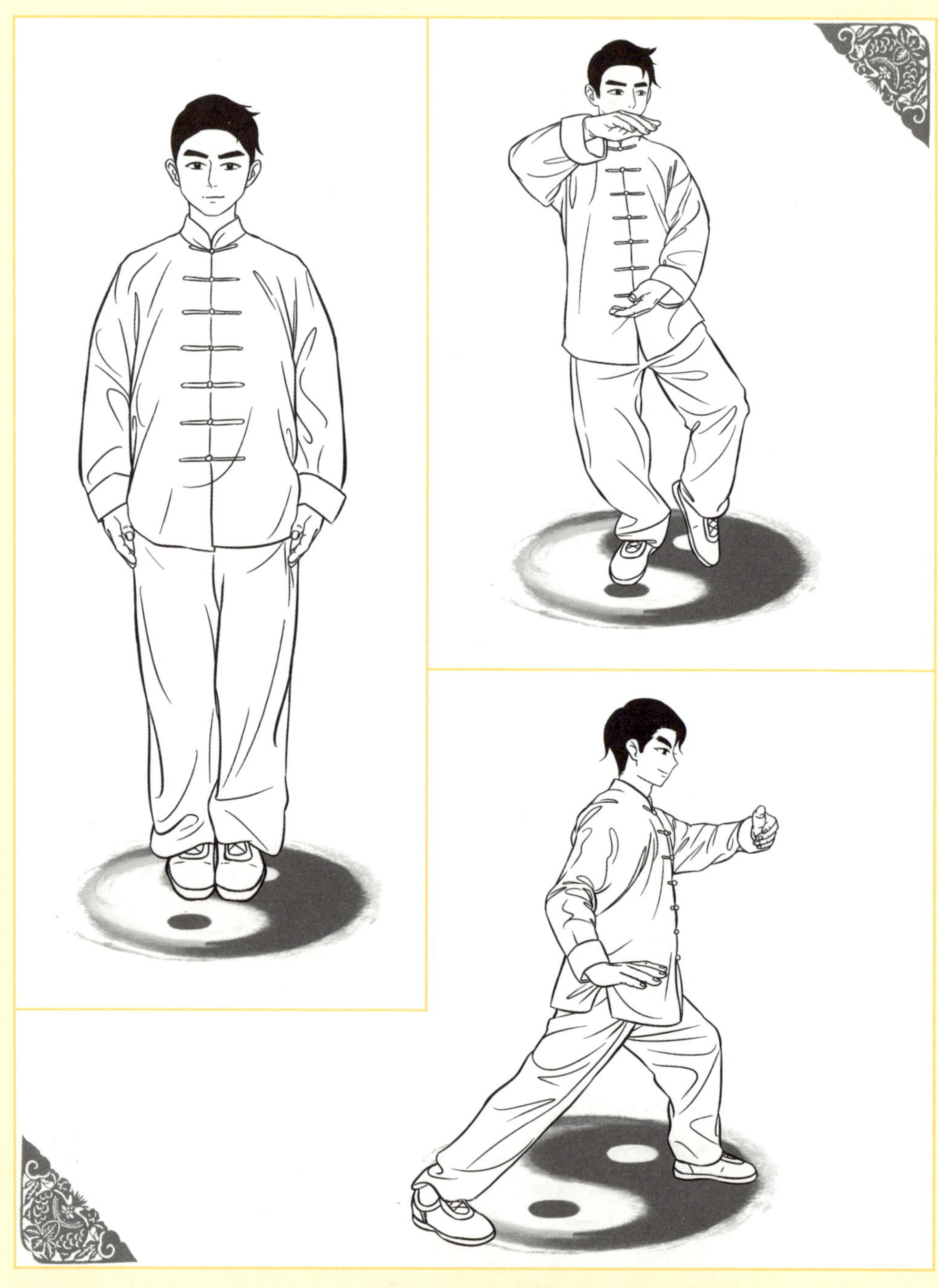

（4）左转腰，两掌随展臂向左上送出，左掌指尖同鼻高，掌心斜向前，右掌至左肘内侧下方，掌心斜向上。接着，重心移向右腿并屈膝，上体后坐微右转；两掌向右下后捋，经小腹，向上，左掌至右胸前，掌心向里，右掌抬至肩高，掌心斜向上；眼看右掌。

（5）上体左转，屈右臂，两掌在胸前相合，左掌臂横至胸前，左掌掌心向里，右掌掌心向外附于左腕部。接着，重心移向左腿并屈膝成弓步；同时，两掌臂圆掤向前挤出，力点在掌腕处；眼平视前方。

（6）两掌臂展臂分开，横距同胸宽，两掌心均向下。接着，重心移向右腿并屈膝；同时身体后坐，随之两臂斜向下屈肘稍外展与肩宽，两掌向内、弧形向下落按，分别按于左右胯前，舒指展掌坐腕。接着，重心移向左腿并屈膝成弓步，随之两掌向前上弧形按推，两掌腕分别与肩平，掌心向前斜相对，掌指斜向前，两臂微屈；眼看两掌方向。

（7）右脚跟内收，重心右移，扣左脚，左手画弧收于腹前，右手收于胸前，两掌掌心相对，随即重心左移，两手画弧成右下左上，成右丁步抱球。

（8）右动与左动同，唯方向相反。左右连续练习后，还原至预备式。

二、注意事项

（1）注意步法的变化，出脚两条线，两脚下要有横向距离。

（2）挤的时候，一定是先将两臂合在一起，身体转正后进行，不要边转腰边挤。

（3）按的时候，掌向前去，身要后撑，不要前倾。

（4）弓步时，膝盖不要前贪，小腿要垂直于地面。

三、养生作用

（1）运化气血，节节贯串，无微不至。

（2）协调周身，催僵化柔。

（3）加强对掤、捋、挤、按四种劲法的了解和认知。

第七节　左右蹬脚

一、练法

（1）预备式，两脚并拢，身体自然站立，肩臂松垂，两手自然展开，指尖轻触大腿两侧；头顶端正，下颌内收，舒胸展背，立身中正；呼吸自然，眼平视前方。

（2）左脚横开一步，与肩同宽，重心左移。两臂前掤至胸前，随即左手上，右手下画弧，两腕合于胸前，同时提起左膝；两手翻转掌心向外，展开两臂立掌，同时左脚向左前方蹬出，左臂和左脚要保持方向一致。

（3）左腿屈膝后脚跟落地，随即重心左移，右手上左手下画弧，两腕合于胸前，同时提起右膝；两手翻转掌心向外，展开两臂立掌，同时右脚向右前方蹬出，右臂和右脚方向保持一致。

（4）一左一右，动作相同方向相反，需反复训练，蹬出脚后，可适当控腿。

二、注意事项

（1）两臂撑开后，腕肩同高，保持沉肩坠肘，两臂不能一前一后，开度约100°。

（2）蹬脚时，要力达脚跟，脚尖勾起，不要追求高度，腿蹬直即可。

三、养生作用

（1）锻炼腿部柔韧性，改善腿部气血循环，改善静脉曲张等问题。

（2）增强稳定性，可以预防老年人摔倒。

（3）降血压，预防阿尔茨海默病。

第八节　穿掌下式

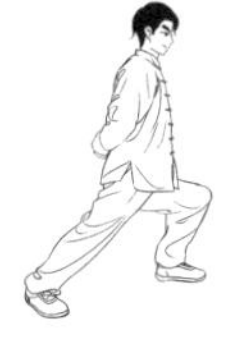

一、练法

（1）预备式，两脚并拢，身体自然站立，肩臂松垂，两手自然展开，指尖轻触大腿两侧；头顶端正，下颌内收，舒胸展背，立身中正；呼吸自然，眼平视前方。

（2）左脚横开一步，与肩同宽，重心右移，腰微微右转，右手变勾手向右上方提起，左手屈臂轻搭右大臂内侧，同时提起左膝，屈右膝左脚出步，形成仆步，脚尖微微内扣，左手翻掌掌心朝外，指尖朝左，经腹前沿左腿穿掌。

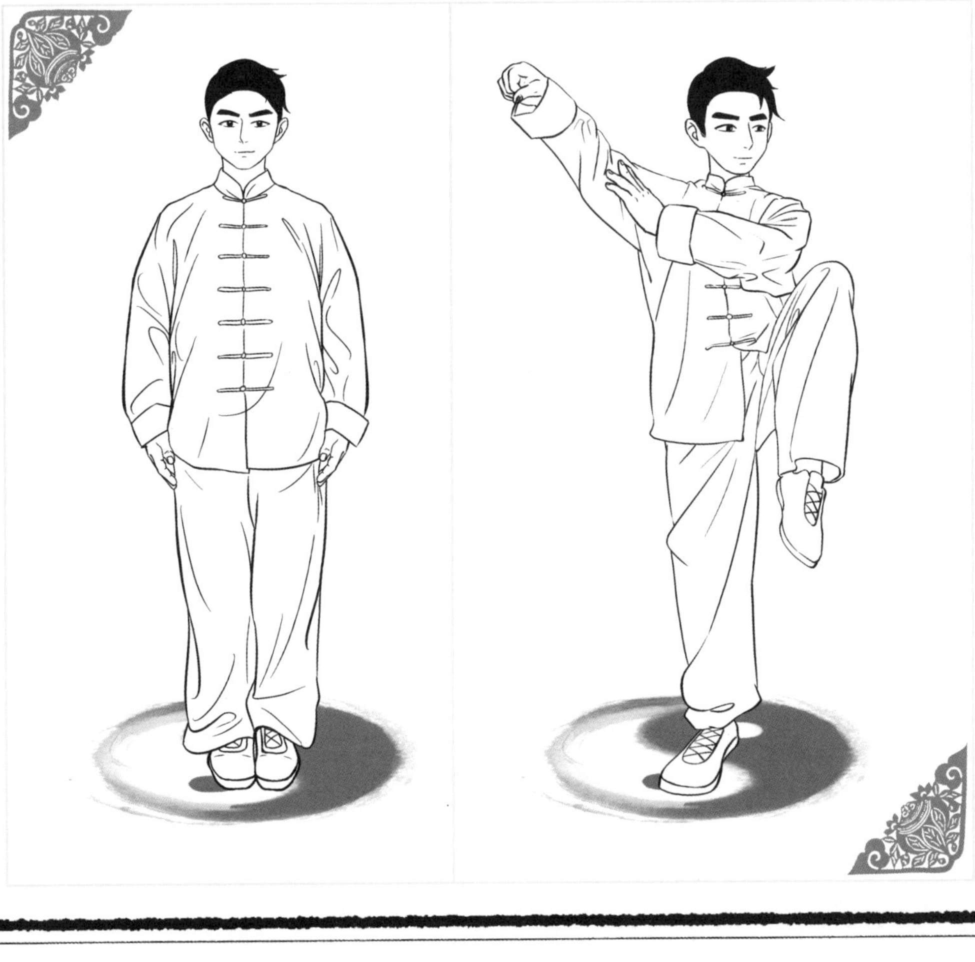

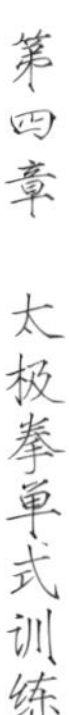

（3）重心左移，微微起身成左弓马步，左手变勾手提起，右手变掌，由右向左经面前画弧，落于左大臂内侧，屈左腿成仆步，右手翻掌掌心朝外，指尖朝右，经腹前沿右腿穿掌。

（4）一左一右反复训练，动作相同方向相反，最后收于预备式。

二、注意事项

（1）仆步时，身体尽量保持中正，不能前倾。

（2）两腿的脚跟或者脚尖都不能离开地面。

（3）下不去时，可以把身法适当调高，可不用仆步，循序渐进地提高。

三、养生作用

（1）锻炼腿部柔韧，改善腿部气血循环，减轻心脏负担。

（2）增强腿部肌肉力量，保持腿部肌肉活力。

视频：太极拳单式训练